珍藏本·增订本

纪念版

汉译世界学术名著丛书

大宪章

陈国华 译

商務印書館
SINCE 1897
The Commercial Press

MAGNA CARTA

根据伦敦大英图书馆藏 1215 年拉丁原文正式抄本译出

汉译世界学术名著丛书
（120年纪念版·珍藏本）
增订本出版说明

2017年10月，为纪念商务印书馆创立120周年，本馆推出“汉译世界学术名著丛书”（120年纪念版·珍藏本），计七百种。近五六年来，仰赖学界同人倾力支持，订正旧译，增补新译，拓展新著，积累日多。为满足读者需要，本馆在七百种的基础上，继续推出“汉译世界学术名著丛书”（120年纪念版·珍藏本·增订本）三百种。至此，“汉译世界学术名著丛书”累计出版已达千种。

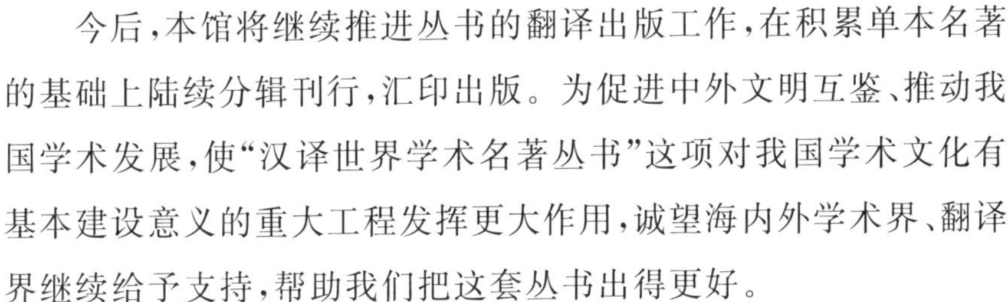

今后，本馆将继续推进丛书的翻译出版工作，在积累单本名著的基础上陆续分辑刊行，汇印出版。为促进中外文明互鉴、推动我国学术发展，使“汉译世界学术名著丛书”这项对我国学术文化有基本建设意义的重大工程发挥更大作用，诚望海内外学术界、翻译界继续给予支持，帮助我们把这套丛书出得更好。

商务印书馆编辑部

2024年2月

汉译世界学术名著丛书
（120年纪念版·珍藏本）
出 版 说 明

2017年2月11日，商务印书馆迎来120岁的生日。120年前，商务印书馆前贤怀揣文化救国的理想，抱持“昌明教育，开启民智”的使命，立足本土，放眼寰宇，以出版为津梁，沟通中西，为中国、为世界提供最富智慧的思想文化成果。无论世事白云苍狗，潮流左右激荡，甚至战火硝烟弥漫，始终践行学术报国之志，无改初心。

迻译世界各国学术名著，即其一端。早在20世纪初年便出版《原富》《天演论》等影响至今的代表性著作，1950年代后更致力于外国哲学和社会科学经典的译介，及至1980年代，辑为“汉译世界学术名著丛书”，汇涓为流，蔚为大观。丛书自1981年开始出版，历时三十余年，迄今已推出七百种，是我国现代出版史上规模最大、最为重要的学术翻译工程。

丛书所选之书，立场观点不囿于一派，学科领域不限于一门，皆为文明开启以来，各时代、各国家、各民族的思想与文化精粹，代表着人类已经到达过的精神境界。丛书系统译介世界学术经典，引领时代思想，为本土原创学术的发展提供丰富的文化滋养，为推动中国现代学术和现代化进程做出了突出的贡献。

为纪念商务印书馆成立120周年，我们整体推出“汉译世界学术名著丛书”120年纪念版的珍藏本，寄望既利于文化积累，又便于研读查考，同时向长期支持丛书出版的译者、编者和读者致以敬意。

两甲子后的今天，商务印书馆又站在了一个新的历史时间节点上。我们不仅要铭记先辈的身影和足迹，更须让我们的步伐充满新的时代精神。这是商务人代代相传的事业，更是与国家和民族的命运始终紧密相连的事业。我们责无旁贷，必须做好我们这代人的传承与创造，让我们的努力和成果不仅凝聚成民族文化的记忆，还能成为后来人可以接续的事业。唯此，才能不负前贤，无愧来者。

商务印书馆编辑部

2017年10月

译 者 序*

陈国华

一 引言

1215 年 6 月 15 日，在英国温莎城堡附近泰晤士河畔一处叫兰尼米德（Runnymede）的草场上，诞生了西方乃至世界政治史上具有里程碑意义的一份法律文件，那就是约翰王（King John）与造反的男爵们在坎特伯雷大主教斯蒂芬·朗顿（Stephen Langton）的斡旋下达成的一份书写在一张羊皮张[①]上的拉丁文特许状（charter），这份实际上相当于一份和平协议的特许状，即后来闻名于世的《大宪章》（Magna Carta，见图 1）。

---

* 本文曾以《宪法之祖〈大宪章〉》为名发表于《中华读书报》2015 年 7 月 8 日国际版第 17 版，收入本书时作者对原文做了修改和补充。感谢王栋博士（2018）在其书评"艰难的翻译：评陈国华译《大宪章》"中对本书第一版中一些谬误的指正。

① 羊皮张（sheepskin parchment）不是羊皮纸（parchment paper），后者是一种仿羊皮的半透明纸。

这份特许状之所以写在羊皮张上，是因为当时中国发明的毛笔和造纸术还没有传到欧洲。从6世纪到19世纪，欧洲人的书写工具主要是鹅翎笔，这种笔由于笔尖硬而尖，无法在织物上写字，人们如果需要长久保存圣经、法律、契约、地图之类重要文件，最好的书写材料是经过处理的牛皮和羊皮。特许状之所以用拉丁文书写，是因为当时英国的王公贵族说法语，下层百姓说英语，而宗教和法律文献一般用拉丁文书写。之所以说《大宪章》在西方乃至世界政治史上具有里程碑意义，是因为它可以说是后来一切宪法的始祖，无论美国的三大基础政治文件，即1776年的《独立宣言》(Declaration of Independence)、1787年的《美利坚合众国宪法》(Constitution of the United States of America)和1791年的《美国人权法案》(United States Bill of Rights)，或1789年法国大革命催生的《人权与公民权宣言》(Déclaration des droits de l'homme et du citoyen)、1791年法国第一部宪法及之后各版宪法和世界许多国家的宪法，抑或1948年联合国通过的《世界人权宣言》(The Universal Declaration of Human Rights)，都直接或间接承继了《大宪章》里的一些人权观念。

《大宪章》是英国法典遗产的一块重要奠基石，也是中世纪英国封建社会的一部小百科全书。今天回顾和解读《大宪章》，既有助于我们深入准确地理解英语中的一些基本政治、经济和法律术语，又能使我们了解典型的封建社会有什么特征，更可以让我们认识到《大宪章》为人类社会的进步做出了哪些贡献。

二 《大宪章》名称的由来

Magna Carta 的 Magna 意为“大”，英文里以 magna 为词干的词还有 magnify“放大”、magnificent“宏大”、magnitude“大小；规模”。大不列颠（Great Britain）之所以叫“大”是因为英吉利海峡对面有个小不列颠（Little Britain），即法国西北部的布列塔尼（Brittany）。同样，《大宪章》之所以叫“大”，也不是没有缘由。1100 年英王亨利一世（约 1068—1135）要加冕。为了赢得教会和贵族的支持，他颁布了一份由 14 个条款组成的《豁免特许状》（Carta Libertatum，英文是 Charter of Liberties[1]），赋予教会和贵族相当多的豁免权和法权。1215 年，英国一大批男爵不满约翰王朝的恶政，结盟造反，他们提出的和平条件是，约翰王要给他们颁布一份类似的特许状，并提出了一份由 48 个条款组成的豁免权清单，史称《男爵条款》（Articles of the Barons）。在坎特伯雷大主教斯蒂芬·朗顿的斡旋下，约翰王不得已答应了造反

① 作为法律术语，拉丁文 libertatum 或其英文对应词 liberties 的意思是“最高权力授予某一臣民的特权或豁免权”。（*OED*: liberty 条下 7. *Law*. a）

者的要求，在大主教基于《男爵条款》起草的这份特许状上加盖了封蜡[①]御印。1216年约翰王死于痢疾，次年继承人亨利三世对1215年其父王颁布的特许状做了一些修改后重新颁布，还另外颁布了一份篇幅和重要性都小一些的《林苑特许状》（Carta de Foresta）。为了将这两份特许状区别开来，人们后来就将1215年的特许状及其修订本称为Magna Carta“大特许状”。

这样就产生了一个问题：Magna Carta“大特许状”的Carta译成中文怎么成了“宪章”？据《牛津英语词典》（*OED*: charter条下），英文charter源自法文chartre或cartre，后者又源自拉丁文carta“纸”。在中古英语里，charter的字面意思是“一张纸（古代英语叫bóc‘书’）；写在一张纸、皮张或其他书写材料上的法律文书或契约，借此确认或批准所做出的授予、让渡、契约及其他交易”；特指“由君主或立法机构颁发的文书：a.授予或承认人民、某些阶层或个人某些特权；……b.给予赦免”。这样看来，carta或charter在汉语里最近似的对应词是“状”或“特许状”。不过译成“章”也并非不妥，因为carta或charter与chapter“章”是近义词；而汉语的章字除了“乐

① 西方国家在文件上盖印或给信件加封，不像中国的办法那样，先用印玺在印泥盒里蘸上颜色，然后再给文件盖印或给信件贴上盖有印记的封条，而是用蜂蜡和松脂制成封蜡（sealing wax，中文又称火漆），使用时先将封蜡加热液化，滴在文件的盖印处或信件的封口处，然后趁热在上面盖印，封蜡冷却后便粘在了文件上或封口处，成为封印（seal）。

章”这一本义外，很早就有“法规；章程”和“条目”的意思，例如《史记·高祖本纪》里记载的刘邦“与父老约，法三章耳”。既然“章”字不成问题，那么关键问题就是“宪”字因何而来。

《尔雅·释诂·一》里说：“宪，法也。”可见“宪”和“法”意义相同或相近。宪字有文献记录可查的最早意思是“效法”[①]，例如《书·说命》里说：“惟天聪明，惟圣时宪。”孔传：“宪，法也。言圣王法天以立教于下。”动词“宪”很容易用作名词，指称效法的对象，即“典范”，例如《书·蔡仲之命》里说：“尔乃迈迹自身，克勤无怠，以垂宪乃后。”从表示“典范”也很容易延伸到表示“法令”，例如《管子·立政》里说：“正月之朔，百吏在朝，君乃出令，布宪于国。”

宪章一词最早的意思也是“效法”，例如《礼记·中庸》里说：“仲尼祖述尧舜，宪章文武。”同样，动词“宪章”也很容易用作名词，指称典章制度，例如《后汉书·袁绍传》里说“触情放慝，不顾宪章”；进而指称法度，例如李白《古风》之一里的“废兴虽万变，宪章亦已沦”；直到今天指称具有宪法作用的文件，如《联合国宪章》。无论典章、法典，宪法或特许状，都由多个章节或条目构成，这正是章字的本义，因此“宪章”的本义可以说是“法规+

① 许慎在《说文解字》里把宪解释为“敏也”，但没有文献佐证。

条目”。

Magna Carta 虽然行文用的是国王诏书的口气和一般特许状的语言，一些条款也确实给了英国教会和贵族一些特权，但更多条款却是对英王权力的限制；同时文件上不仅加盖了约翰的大印（the Great Seal），最后还写明得到众多大贵族的担保和教会领袖的见证。这样一来，这份文件实质上就不再是君主向臣民颁布的一份诏书或特许状，而是一份带有社会契约性质的法律文件，它重新界定了君主与教会和贵族在政治、宗教、经济及法律上的关系，也重新界定了君权和包括贵族在内一切自由人的法权，从而将君权关进了国法的笼子里，确立了法治（the rule of law）的原则和司法过程中所必须遵守的正当程序。一份记载这一切的文书，虽然名为特许状，由于具有法律效力，实质就是一堆法律条款，译成“大宪章”不过点明了其真实性质。至于这份《大宪章》与宪法（constitution）的关系，早在 17 世纪，英国法学家爱德华·库克（Edward Coke，1552—1634，又译“柯克”）就称《大宪章》为英国的“古老宪法”。

三　参与制定《大宪章》的主要人物

《大宪章》的出炉是国王和保王派、造反的男爵、教会领袖这三方势力博弈的结果。下面简要介绍这三方势

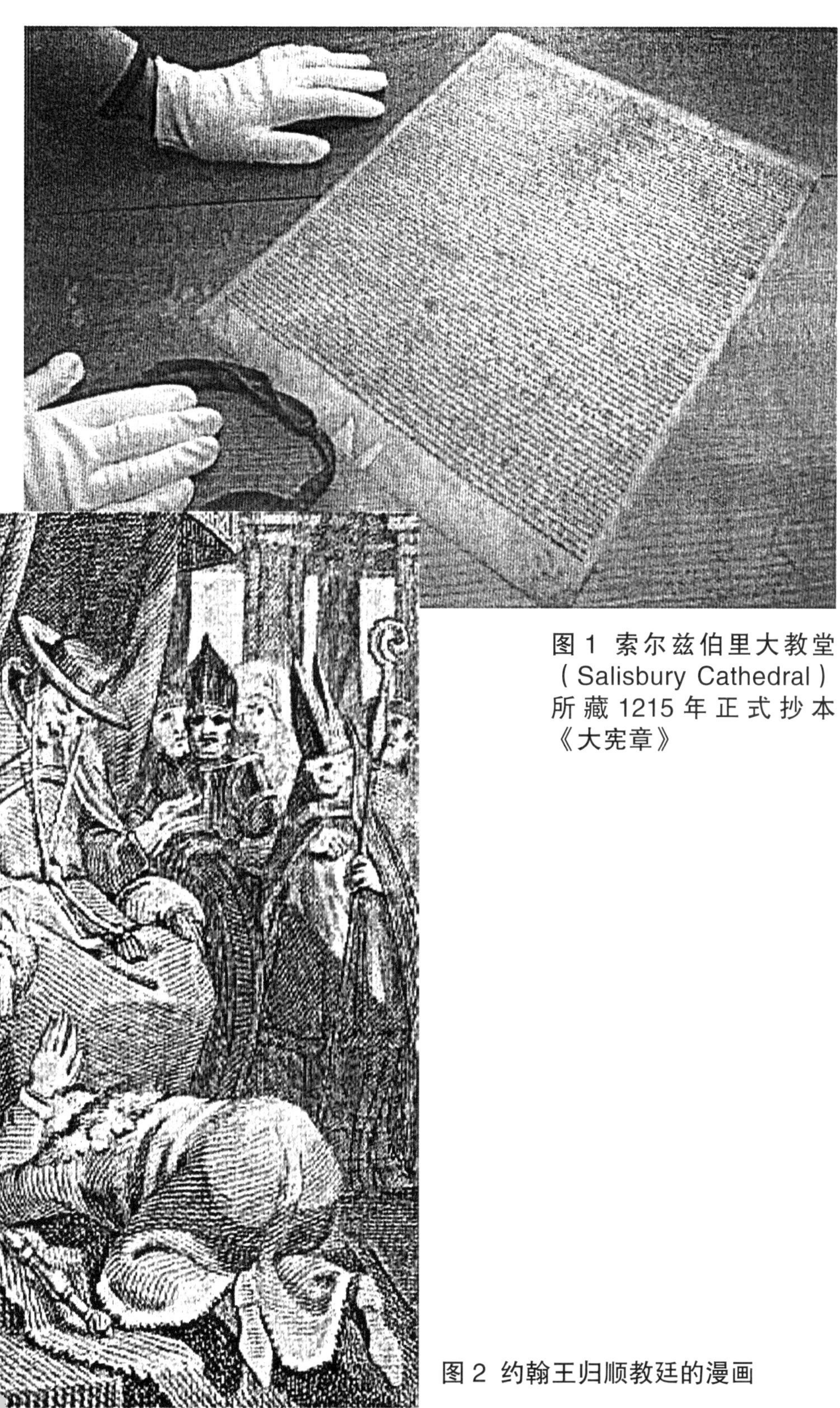

图 1 索尔兹伯里大教堂（Salisbury Cathedral）所藏 1215 年正式抄本《大宪章》

图 2 约翰王归顺教廷的漫画

图 3 造反男爵头领
若博特 · 费兹沃尔特

图 4 坎特伯雷大教堂
门口的朗顿塑像

力的代表人物。

约翰王（1166或1167—1216）被公认为英国历史上最糟糕的一位国王，由于他做了许多令人发指的坏事，后世国王没有一个愿意用他的名字给自己的儿子起名，因此英国历史上没有出现第二个约翰王。莎士比亚写过一部历史剧，名叫《约翰王》（King John），但主要讲此人与罗马教廷的纠葛与跟法国进行的战争，没有提及《大宪章》。约翰是亨利二世的第五个儿子，也是最小的一个。很长一段时间里，他的兄长们都得到了封地而他却没有，因此人们称他为“无地的约翰”（John Lackland，法文是Johan sanz Terre）。后来兄长们因谋逆而失宠，他逐渐成为父亲的宠儿，1177年被封为爱尔兰领主（Lord of Ireland）。在他的兄长中，威廉、亨利和杰弗瑞都早亡，1189年亨利二世死后，继承王位的是号称“狮心王”（Cœur de Lion，英文是the Lionheart）的三儿子理查一世。1199年理查一世死后，约翰继承王位。1202年，约翰因其法国北部领地（包括诺曼底、布列塔尼和安茹）的归属问题而与法国开战，结果导致两年后这些领地全盘丧失。在接下来的十年里，为了夺回失去的领地，他在英格兰横征暴敛，导致民怨沸腾，同时由于他拒不承认教宗英诺森三世1207年任命的坎特伯雷大主教，导致他与罗马教廷的关系破裂，曾被教宗开除教籍。1213年为了换取教宗的支持，他归顺了教廷，在归顺仪式上，他先象

征性地将自己的全部土地通过教宗代表潘道尔夫(Pandulf)献给教宗,然后潘道尔夫又代表教宗将这些土地封给了他。与教廷和解后,他于1214年再度发动了对法战争,不料又是大败而归。回国后,面对各地的反叛,他只好接受坎特伯雷大主教的调停,同意男爵们的和平条件,在《大宪章》上加盖了他的御印。

造反男爵们的头领是若博特·费兹沃尔特(Robert Fitzwalter, 1198—1235,图3是他的封泥印章)。此人是埃塞克斯郡小邓莫村(Little Dunmow)的封建男爵,兼任伦敦市贝纳德城堡骑将(constable of Baynard's Castle),曾跟随约翰王攻打诺曼底;1212年曾被控谋反,逃亡法国,被剥夺法律保护(outlawed);1213年约翰王归顺教宗后宣布大赦,才得以返回英国;1205年春起兵造反,由于他在伦敦的人脉,造反得到伦敦市民的支持,他也因此被推举为"上帝与神圣教会军队兵马大元帅"(Marshal of the Army of God and Holy Church)。他是《大宪章》中规定的25名男爵之一,基于《男爵条款》第29款的《大宪章》第39款主要针对他被流放并剥夺法律保护的遭遇而设立。造反失利后,他曾作为造反派的使者前往法国,请求路易王子派兵增援;法军进入伦敦时,他曾亲自迎接。他的造反经历使他成为传说中罗宾汉的原型之一。

代表罗马天主教方面的人物有两个,一个是坎特伯雷大主教斯蒂芬·朗顿(1150—1228,图4是坎特伯雷大教堂门口他的塑像),另一个是教宗英诺森三世的代表潘道尔夫·沃若丘(Pandulf Verraccio, ?—1226)。朗顿出生于林肯郡拉格比旁边的朗顿村(Langton by Wragby),曾就学于巴黎大学并在那里教授神学,一直到1206年。他在神学上的主要贡献是给圣经的章、节、句编了号,这一序号一直沿用至今。朗顿在巴黎时得到教宗英诺森的赏识,1206年任命他为罗马的一名枢机主教(cardinal-priest of San Crisogono)。此前一年,原来的坎特伯雷大主教去世,推举新大主教时出现两位候选人僵持不下的局面(其中一位是约翰王属意的人),教宗于是在1207年任命朗顿为新的大主教,教宗的这一任命得到坎特伯雷大教堂所有僧侣的支持。可是约翰王对此却不买账,他不仅宣布任何承认朗顿为大主教的人都将被视为人民公敌,而且还驱逐了坎特伯雷大教堂的僧侣,由此触发了他与教宗的长期拉锯战。在约翰王与男爵们的对立中,朗顿自然比较同情造反派。

潘道尔夫是罗马教廷的政客,在莎士比亚历史剧《约翰王》中是一个重要人物,在剧中他的名字写作Pandulph。不过此剧中没有任何直接涉及《大宪章》的内容。根据《大宪章》的说法,潘道尔夫仅是一名副助祭(subdeacon)。1211年潘道尔夫被教宗任命为代表,首次赴英与英王约翰谈判,因谈判未果曾当面出示教宗的信,警告约翰王，“如拒不服从，就会‘迫使本座对您下重手’”；1213 年再度来到英国，接受约翰对教宗的归顺，约翰正式将自己的全部土地献给教宗，然后再从教宗那里领回，作为教宗给他的封地（papal fief）；1215 年他第三次来到英国，男爵们与约翰在兰尼米德谈判《大宪章》的条款时他也在场。约翰王因他为自己出谋划策有功而于当年将诺里奇主教位置（the see of Norwich）赏给他，然而此项任命数年后才获教廷承认。

四　《大宪章》的文本

1215 年颁布的《大宪章》当时共正式抄写了 13 份，这些抄本由在场各方人士带回各地保存，现仅存四份，其中两份保存在大英图书馆，另外两份分别保存在英国的林肯大教堂（Lincoln Cathedral）和索尔兹伯里大教堂。

《大宪章》的拉丁文原文共 3655 个词，整个文件浑然一体，没有标题，也不分段落。1759 年英国法学家布莱克斯通（William Blackstone，1723—1780）给各条款加了序号，共 63 条，这些序号沿用至今。

《大宪章》的英译本最早出现在 1534 年。当代译本中以戴维斯（G. R. C. Davis 1963）翻译、大英图书馆出版社出版的《大宪章》（*Magna Carta*）是一般读者最易获取、阅读量最大、最易理解的一个可靠译本。该译本属于公共领域，可在大英图书馆网站下载。

《大宪章》的中文译本，笔者在网上共找到六种。最早的译本是国民政府立法院编译处1933年译的《英国大宪章》，收入当年8月出版的《各国宪法汇编》中。其次是张君劢1944年译的“英国大宪章提要”。该译本属于编译，对原文的顺序和内容做了不少改动，发表于《东方杂志》第40卷第1号。第三个译本是康树华译的《英国大宪章》，收入日本人木下太郎编、康树华1981年译的《九国宪法选介》。第四个译本是台湾辅仁大学雷敦和2002年译的《英国大宪章今译》，收入《和平丛书》第26期。第五个译本是无名氏译的《自由大宪章》[①]。第六个译本是毕竟悦2010年译的《大宪章》。不算张君劢的编译本，现有各译本的语言彼此差别很大，仅以《大宪章》第2段的译文为例：

朕受天明命，缵承尊位。朝乾夕惕，惟恐失坠。我心孔忧，孰从安之。先帝威灵，孰从瞻之。凭何阴骘，福祐后嗣。以何嘉谟，归荣上帝。巍巍教会，必有以崇。泱泱大国，必有以隆。用是殚精竭虑，获求建树立功。迺有坎特布里大主教司蒂芬（其余人名从略）等先获

① 该译本收入陈云生编著《宪法学学习参考书》，北京师范大学出版社2009年版，第288—295页。王栋（2018）经过不懈努力，最终确定该译本的译者是中世纪史专家刘启戈和罗马史专家李雅书。

朕心，首上奏议，宪章是制。咨尔臣民，其宜悉知朕旨。

——立法院编译处《英国大宪章》

承天之佑，启迪朕心。兹爰采纳坎特布里大主教司蒂芬（其余人名从略）之建议，颁此宪章，矢永遵行。自今之后，国以永宁，爰及苗裔，皇天后土，共鉴此心。

——康树华《英国大宪章》

你们应知道，由于我们关心天主以及自己、我们祖先及后裔的灵魂之得救，为了显主荣、圣教会之进步以及我们王国内之政治，我们确定以下各条件如我们可敬的父老所建议即坎特伯雷总主教，英格兰首席主教与圣罗马教会的枢机主教斯德范……，及其他我们的从属者。

——雷敦和《英国大宪章今译》

由于可敬的神父们，坎特伯里大主教，英格兰大教长兼圣罗马教会红衣主教斯提芬；杜伯林大主教亨利……暨培姆布卢克大司仪伯爵威廉；索斯伯利伯爵威廉等贵族，及其他忠顺臣民谏议，使余等知道，为了余等自身以及余等之先人与后代灵魂的安全，同时也为了圣教会的昌盛和王国的兴隆，上帝的意旨使余等承认下列诸端，并昭告全国。

——无名氏《自由大宪章》

你们应知道，出于敬畏上帝，为了救赎我们自己、祖先及后裔的灵魂，为了彰显主的荣耀、圣教会之进步以及我们王国内政制的改革，如我们可敬的父老——坎特伯雷大主教、英格兰首席主教与神圣罗马教会的枢机主教斯蒂芬……，及其他我们忠实的臣民——所建议，我们达成以下各条件：

——毕竟悦《大宪章》

立法院编译处和康树华的译本用的是皇帝诏书体，语言文雅，朕字（拉丁文 nos 及其各种形式 nobis/nostre/nostril/nostrorum，英文 we/us/our）用得十分到位，但编译处的译本添加了不少原文没有的内容，如“缵承尊位。朝乾夕惕，惟恐失坠……获求建树立功……先获朕心”；康树华的译本删掉或漏译了原文的一些内容，字数不到编译处译本的一半，也不到另外两个译本的三分之二。无名氏的译本不仅将 nos 等译成“余等”，对原文也有较严重的曲解，如“使余等知道”“安全”“上帝的意旨使余等承认下列诸端”。以上三个译本都略去了原文中的大量人名。只有雷敦和及毕竟悦的译本是真正意义上的全译本，但里面有一些误译，例如二者都将 nos 等一概译成

“我们”，都将 father 译成“父老”。雷敦和的一些译法，如“关心天主”“从属者”等，语言与今天大陆通行的标准书面语不太相同。

为了便于中国读者理解和研究这一重要历史文献，笔者依据大英图书馆所藏《大宪章》1215 年正式抄本的拉丁文原文（http://www.bl.uk/collection-items/magna-carta-1215），参考以下英译文，重新将之译成中文：麦克奇尼（William McKechnie 1914. *Magna Carta: A Commentary on the Great Charter of King John, with an Historical Introduction.* Glasgow: Maclehose）；戴维斯（G. R. C. Davis 1982. *Magna Carta.* London: The British Library）；豪尔特等（J. C. Holt et al. 2015. *Magna Carta.* Cambridge: Cambridge University Press）；卡彭特（David Carpenter 2015. *Magna Carta.* London: Penguin Books）；萨摩森等（H. Summerson et al. 2022. *The 1215 Magna Carta.* In The Magna Carta Project, http://magnacarta.cmp.uea.ac.uk/read/magna_carta_1215）。

目　录

大 宪 章[①]

序 言[②]

约翰，上帝恩授[③]之英格兰王暨爱尔兰[④]领主[⑤]、诺

① 本译文据伦敦大英图书馆所藏 *Magna Carta* 1215 年正式抄本的转写本译出，曾在 2015 年《英语世界》上分 4 期连载，这次作为单行本出版之前，译者对译文和注释做了全面修订。（本书正文全部脚注均为译者注，不另注。）

② 小标题和每一条的编号均来自大英图书馆版本，小标题的文字为拉丁原文所无。

③ 上帝恩授：原文 Dei gratia 意为“承蒙上帝恩典”，英文对应表达式 by the grace of God 与中文“奉天承运”相当。

④ 爱尔兰：原文 Hibernie，是恺撒（Julius Caesar，100BC—44BC）对爱尔兰的叫法，在拉丁文里一直沿用到中世纪及之后很长一段时间。中世纪时，爱尔兰有多个小国，这些小国的君主为争当爱尔兰高王（the High King of Ireland）长期陷入混战。1171 年亨利二世率军入侵爱尔兰，从此爱尔兰沦为英格兰的领地（dominium）。后来亨利二世将这一领地封给了当时唯一无封地的儿子约翰，10 岁的约翰于是成为爱尔兰领主。约翰登基后，没有改变其爱尔兰领主的封号。

⑤ 领主：原文 dominus 的英文对应词是 lord“主人；君主；领主”。

曼底[①]公爵[②]、阿基坦[③]公爵和安茹[④]伯爵[⑤]，谨致[⑥]其大

① 诺曼底：Normandy，法国西北部与英国隔英吉利海峡相望的地区。这个地名源自古诺斯语（Old Norse，古日耳曼语系的一个分支）名词normant，意为“北方人”，即居住在斯堪的纳维亚半岛一带的维京人。从9世纪中叶开始，以来自挪威和丹麦为主的维京人开始侵入法国西北部沿海地区并在那里定居下来。入侵者与当地人通婚，其诺斯语也与当地语言融合，逐渐形成了一个新民族，即诺曼人（Normans），该地区也因此被称为诺曼底。1066年自称对英格兰王位有继承权的诺曼底公爵威廉（William I，1028—1087）率军征服了英格兰，成为英王兼诺曼底公爵。从此诺曼底便与英格兰和法兰西有了长达几百年错综复杂的关系。约翰继承王位时，承袭了诺曼底公爵的封号。

② 公爵：原文dux的英文对应词是duke“公爵”，公爵治所叫duchy。

③ 阿基坦：Aquitaine，法国西南部的一个地区，中世纪时是一个公爵治所。1152年英王亨利一世的外孙亨利（Henry Plantagenet，1133—1189，即后来的亨利二世）通过迎娶法王路易七世的前妻（1137—1152）、阿基坦女公爵艾莉诺（Aliénor/Élléonore，1122/24—1204），将阿基坦纳入了自己的领地。艾莉诺为亨利二世生下了儿子理查（即后来的英王理查一世）。1171年亨利二世将阿基坦分封给了理查。理查一世死后，约翰不仅承袭了诺曼底公爵的封号，同时还承袭了阿基坦公爵的封号。

④ 安茹：Anjou，法国历史上西部的一个行省。1128年，英王亨利一世将女儿玛蒂尔达（Matilda）下嫁给安茹伯爵之子杰弗瑞（Geoffrey），次年杰弗瑞继承了伯爵的封号。亨利一世死后，杰弗瑞伯爵夫妇经过多年努力，不仅保住了安茹伯爵的封号，还获得诺曼底公爵的封号，后将这些封号传给了儿子亨利，并为之争取到了英格兰王位的继承权。1154年亨利登基，成为英王亨利二世暨诺曼底公爵和安茹伯爵。后来亨利二世将安茹伯爵的封号传给了理查，约翰又从理查那里承袭了这一封号。

⑤ 伯爵：原文comes的英文对应词是count“伯爵”，是欧洲大陆国家贵族的一个等级，伯爵治所或领地叫county，中文通常译作县。

⑥ 谨致：原文salutem意为“问候；致敬；敬礼”，是英文salute的本词，通常译作greeting。

主教、主教、修道院院长[①]、伯爵[②]、男爵[③]、法官[④]、林官[⑤]、郡长[⑥]、总管[⑦]、家臣[⑧]以及所有百户长[⑨]和忠实[⑩]臣民。

---

① 修道院院长：原文 abbatibus 源自古叙利亚语（Syriac）abbā“父亲”，是英文 abbot 的本词。

② 伯爵：原文是 comitibus，英文对应词是 earls。earl 的本义是“勇士”，诺曼人 1066 年征服英格兰之前，用来称呼英格兰各大区（如 East Anglia、Mercia、Northumbria）的总督；诺曼人征服英格兰之后，指与欧洲大陆伯爵对应的英格兰本土贵族。

③ 男爵：原文 baronibus 是英文 baron 的本词，本义为“男子”，后指一种因军功而获得的爵位，是贵族中的最低一级。

④ 法官：原文 justiciariis 是英文 justiciar 的本词，指国王任命的高等法院的主审法官（*OED*: justiciar 条下），也有 justices“法官”（Davis）的意思。

⑤ 林官：原文是 forestariis，英文是 foresters，指古时负责管理林苑的官员。康树华译成“虞人”，这是中国古时执掌山泽苑囿的官职，当代读者一般不知道。

⑥ 郡长：原文 vicecomitibus 的字面意思是“代理伯爵”，英文对应词是 sheriffs，sher- 源自 shire“郡；省”，-riff 源自 reeve“官；管”，是一个郡的行政长官，即“郡长”（康树华），相当于“县长”（雷敦和）。

⑦ 总管：原文是 preposicis“管家”，英文对应词是 stewards，历史上指某处王室田产的总管。

⑧ 家臣：原文 ministries 的英文对应词是 servants，古时可作为 vassal“封臣”的同义词使用，指贵族的家臣。

⑨ 百户长：原文 ballivis 的英文对应词是 bailiffs，泛指国王任命的官员，包括郡长、市长、百户长等，特指百户长（the chief officer of a hundred，见 *OED*: bailiff 条下）。凡其所指与郡长等官职有区别时，译作百户长，否则译作官员。

⑩ 忠实：原文 fidelibus 带有宗教意味，相当于 faithful“忠实”。

上帝在上[①]，为拯救[②]朕[③]之灵魂及所有朕之先祖及子嗣之灵魂，为维护上帝之荣耀，为提升神圣教会之地位并更好地治理[④]朕之国家，遵照朕所敬重[⑤]之诸位神父之建议，包括：

坎特伯雷大主教、全英格兰首席主教[⑥]暨神圣罗马教会枢机主教[⑦]斯蒂芬[⑧]；

都柏林大主教亨利；

---

① 上帝在上：原文 Sciatis nos intuitu Dei 是特许状正文开头常用的一句套话，意思是 Know that, having regard to God"面对上帝特此诏告"（McKechnie）或 Know that before God"在上帝面前特此诏告"（Davis）。

② 拯救：原文是 salute，英文对应词是 salvation（McKechnie）。

③ 朕：原文是 nostre，英文对应词是 our，其各种格变形式都是帝王自称，与中文朕的意思和用法相当。

④ 治理：原文 emendacionem 是英文 emendation"改正"的本词，后者多用于对文本的改正。这里的英文对应词可以是 reform"改革"（McKechnie）或 better ordering"更好地治理"（Davis）。

⑤ 敬重：原文 venerabilium 是英文 venerable 的本词，这是人们对资深神职人员的尊称，例如英国历史上著名的教会史学家 the Venerable Bede。

⑥ 首席主教：原文 primatis 是英文 primate 的本词，二者意思都是"首席主教"（雷敦和）。在英国，坎特伯雷大主教和约克大主教都是首席主教，但前者是全英格兰（tocius Anglie，即 all England）首席主教，后者是英格兰首席主教。

⑦ 枢机主教：原文 cardinalis 是英文 cardinal 的本词，本义是"起枢机作用的"，中文译成"枢机主教"（雷敦和）。"红衣主教"是俗称（详见陈国华、程丽霞，2014，说中道西：Cardinals = 红衣主教？《英语世界》33（11）：102—104）。

⑧ 斯蒂芬：全名是 Stephen Langton（1150—1228），曾就学于巴黎大学，毕业后留校教神学，得到教宗英诺森的赏识，1206 年被任命为枢机主教，1207 年被任命为坎特伯雷大主教，在约翰王与男爵们的对立中，斯蒂芬比较同情造反派。

伦敦主教威廉；

温彻斯特主教彼得；

巴斯与格拉斯顿伯里主教乔斯林；

林肯主教修；

伍斯特主教沃尔特；

考文垂主教威廉；

罗彻斯特主教本讷迪克特；

副助祭[①]暨教宗家室成员[②]潘道尔夫[③]先生；

英格兰圣殿骑士团[④]团长艾伊莫瑞克教兄[⑤]；

① 副助祭：原文 subdiaconi 由前缀 sub-“次；副”和 diaconi“助祭”构成，diaconi 是英文 deacon“助祭”的本词。在天主教神职人员的级别中，diaconi 或 deacon 的地位低于主教和祭司（priest），属于第三级（the third order of the ministry）。

② 教宗家室成员：原文是 domini pape ［...］ et familaris，domini pape 意思是“来自教宗”，pape 即 pope，本义是“爸爸”（papa）；familaris，原形 familia，是英文 family“家庭；家室”的本词，“来自教宗及家室”即 member of the papal household“教宗家室成员”。

③ 潘道尔夫：全名是 Pandulf Verraccio，生年不详，卒于 1226 年；1211 年被任命为教宗代表（papal legate），赴英与约翰王谈判，结果无功而返；1213 年再度赴英，代表教宗接受约翰的臣服；1215 年第三次赴英，适逢男爵们与约翰王在兰尼米德谈判《大宪章》的条款，为英王出谋划策、斡旋说情，约翰王为了报答他的帮助，将诺里奇主教位置（the see of Norwich）赏给了他。

④ 圣殿骑士团：原文是 militie Templi，英文是 Knights of the Temple（McKechnie）或 the knighthood of the Temple（Davis）。这是建立于 1118 年前后的一个军事兼宗教会门，其主要职责是保护圣冢（Sepulchre）和前往圣地朝拜的基督徒，因占领了位于耶路撒冷所罗门圣殿所在地的一座建筑而得名。

⑤ 教兄：原文是 fratris，英文对应词是 Brother，基督教会内部男性成员彼此的敬称。

以及尊贵的[①]彭布儒克伯爵[②]暨兵马元帅威廉[③]；
索尔兹伯里伯爵威廉；
沃伦伯爵威廉；
阿伦德尔伯爵威廉；
苏格兰骑将[④]艾伦·德·盖洛韦；
沃林·菲兹·杰拉尔德；
彼得·菲兹·赫博特；
普瓦图[⑤]大总管[⑥]胡博特·德·博若；

① 以及尊贵的：原文是 et nobilium virorum，et 的意思是“和；以及”，nobilium virorum 的意思是“尊贵男子”，表示由此接下来列举的人是有地位的世俗人士，与前面提到的神职人员不同。

② 彭布儒克伯爵：名威廉（William），1146 或 1147 年生于军人世家，家族世袭兵马元帅（Marshal）职，其父亲具有兵马元帅长（a chief or master Marshalcy）的崇高地位。威廉曾作为骑士为亨利二世及其继承人理查一世效力，战功卓著；1189 年，在理查王的安排下，娶彭布儒克伯爵之女为妻，次年获彭布儒克伯爵封号，是约翰王时期少数保王派贵族之一。1216 年约翰王死后，年仅 9 岁的王子亨利登基，成为亨利三世，威廉被任命为顾命大臣和摄政王，成为欧洲最有权势的人之一。1217 年他主持修订并重新颁布了《大宪章》，卒于 1219 年。

③ 兵马元帅：原文 Mariscalli“马夫”是英文 Marshal 的本词，中世纪时期是君主任命的军队统帅。由于这一官职最初与马有关，因此这里译作“兵马元帅”。威廉当时的地位凌驾于其他兵马元帅之上，人们称之为 William the Marshal，简称 the Marshal。

④ 骑将：原文 constabularius 是英文 constable 的本词，stable 的意思是“马厩”，constable 本义是“马厩长”，后来的意思相当于中国古时的骑将。

⑤ 普瓦图：Poitou，法国中西部的一个省。

⑥ 大总管：原文是 senescalli，英文转写成 seneschal，sene- 的意思是“老”，scalli 的意思是“管家”。

修·德·奈维尔；

马修·菲兹·赫博特；

托玛斯·巴塞特；

艾伦·巴塞特；

菲利普·道比尼；

罗伯特·德·若普雷；

约翰·马绍尔；

约翰·菲兹·修；

以及朕之其他忠实臣民的建议，特诏告天下：

1

首先，朕已向上帝承诺[①]并借此特许状代表朕及朕之千秋子嗣确认，保证英格兰教会永远自主[②]，其权利将完

① 承诺：原文 concessisse 既有“让步”（concede）的意思，又有“同意”（grant）的意思。由于此处表达的是言者自己的意愿和将来的行为，故译成“承诺”。

② 自主：原文 libera 派生自 līberī“子女”，本义是“（与家长）有血亲关系的（家庭成员）”，不同于受束缚或奴役的外来奴隶。因为不受束缚，所以可以自由行动；因为不受奴役，所以可以自主行事。此处 libera 的主语是教会，涉及的是教会与英王的关系，教会要求做自己的主人，决定自己的事物，因此这里将 libera 译成“自主”，将其复数 libertates 译成“自主权”。英译本的 free 源自古高地日耳曼语 frî，本义是“爱”（love），与 friend“朋友”同源；作为形容词，其最基本的意思是“亲的；爱的”（dear），与 libera 同义，也用来指称有血亲关系的人，而不是受到束缚和奴役的外来奴隶。

整无缺[①]、其自主权将不受侵犯[②]。朕这一意愿[③]有以下事实证明[④]：早在朕与诸男爵之间发生这场争端[⑤]之前，朕已心甘情愿[⑥]地允准，并借朕所颁特许状确认，英格兰教会有自主选举权[⑦]，该权利被英格兰教会视为最必要与最重要之权利，且朕已使该特许状获教宗英诺森三世确认；该自主权朕本人会尊重并希望朕之千秋子嗣永远诚心尊重。对我国所有自由人[⑧]，朕也代表王室与朕之千秋子嗣，允许他们享有下文所载之所有自主权[⑨]，这些自主权由他们及其继承人从朕及朕之继承人处获得并享有。

---

① 完整无缺：原文 integra“完整无缺”与英文 entire“整体；全部”同源（McKechnie）。

② 不受侵犯：原文 suas illesas 意思是 inviolate“不受侵犯”（McKechnie）。

③ 这一意愿：原文 ita volumus observari“这一点朕愿意遵守”在形式上是个语句。

④ 有以下事实证明：原文 quod apparet ex eo quod 的第一个 quod 相当于英文 which，指代前面做出的承诺，apparet ex eo quod... 意为 is apparent from the fact that“从……的事实来看是明显的”。

⑤ 争端：原文 discordiam 是英文 discord“不合”的本词，英文对应词也可以是 quarrel“争吵”（McKechnie）或 dispute“争议”（Davis）。

⑥ 心甘情愿：原文 mera et spontanea voluntate 的 mera 意思是“纯粹”，spontanea 是英文 spontaneous“自发”的本词，voluntate 是 voluntary“自愿”的本词。

⑦ 自主选举权：原文 libertatem electionum 的 libertatem 不仅是简单的“自由”，即选举者想怎么选就怎么选，而是“自主权”，即英格兰教会自主推举自己领袖的权利；electionum 是英文 election 的本词。

⑧ 自由人：指享有人身权利和行动自由的人。当时全国人口中自由人仅占 10% 左右。

⑨ 自主权：原文是 libertates。约翰王允许享有这些 libertates 的人都是自由人，既然这些人早已享有自由了，他们现在获得的就不是自由，而是自主权。

2

任何伯爵、男爵或其他因服军役而从朕处直接获得王室封地[①]者一旦亡故，且在其亡故之时其继承人已经成年并有义务缴纳续租费[②]，该继承人只需按原来的[③]缴费标准缴纳续租费后即可继承续租权，即伯爵继承人缴纳100镑便可继承全部伯爵治所[④]；男爵继承人缴纳100镑即可继承全部男爵治所[⑤]；骑士[⑥]继承人缴纳至多100先令[⑦]即

① 从朕处直接获得王室封地：原文是 tenencium de nobis in capite，直译成英文是 holding of us in chief（McKechnie），意思不清楚。Tenencium 意为“持有”（holding），de nobis 意为“从朕这里”（from us），capite 本义是“首；头”（chief），转指“王冠；王室”（crown），in capite 是 tenure in capite 的简称，又称 capite-lands，指直接从王室获得的封地。

② 续租费：原文 relevium 是英文 relief 的本词，这里指“封建佃户的继承人在继承田庄时向领主缴纳的一笔费用，其数额和类型根据承租人的级别和所租田庄的大小而定”（*OED*: relief^2 条下 1.a）。约翰王将这种费用增加了许多倍，引发男爵们的普遍不满。

③ 原来的：原文是 antiquum，英文对应词是 ancient“古老的”或 old“旧有的；原有的”。

④ 治所：原文是 comitis，英文对应词本应是 domain，约定俗成的译名是 barony（McKechnie；Davis）。

⑤ 这句话 Davis 漏译了。

⑥ 骑士：原文 militis 与英文 military 同源，本义指“（国王的）武士”。英文对应词 knight 本义是“男孩；男性侍从或扈从”，中世纪时特指“（国王的）扈从”，由于这种扈从通常骑马，所以中文译作“骑士”。

⑦ 先令：原文 solidos，罗马帝国一种金币的名称，英文对应词是 shilling，过去英格兰币制的一个单位，等于一英镑的二十分之一或12便士（pence），1971年废除。

可继承全部骑士封地[①]；按照原先的[②]封地[③]常例[④]少缴续租费者，可以少缴。

3

然而，上述任何人之继承人如尚未成年并处于受监护[⑤]状态，成年后即可享有继承权，不必缴纳替补费[⑥]或契约变更费[⑦]。

4

监管未成年继承人土地之人将仅从该土地收取合

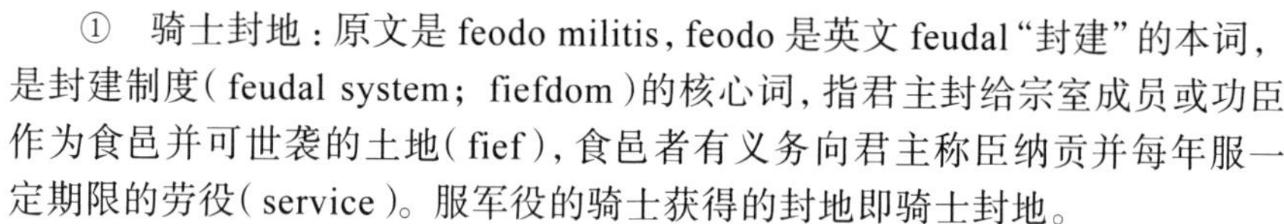

① 骑士封地：原文是 feodo militis，feodo 是英文 feudal“封建”的本词，是封建制度（feudal system；fiefdom）的核心词，指君主封给宗室成员或功臣作为食邑并可世袭的土地（fief），食邑者有义务向君主称臣纳贡并每年服一定期限的劳役（service）。服军役的骑士获得的封地即骑士封地。

② 原先的：前面提到的 100 镑和 100 先令都是亨利二世时的，也就是原先的缴费标准。

③ 封地：原文 feodorum 的英文对应词可以是 manor“田庄”，也可以是 fee“食邑；采邑”或 fiefs“封地”。

④ 常例：原文 consuetudinem 的英文对应词可以是 practice“惯常做法；惯例”，也可以是 custom“习惯；风俗；常例”。

⑤ 监护：原文 custodia 是英文 custody“监管”的本词，英文可译成 wardship“监护”（McKechnie）或 guardianship“监护”。

⑥ 替补费：原文 relevio 是英文 relief“替补”的本词，指子承父业所被迫向领主或国王额外缴纳的一笔费用。此前领主早已被禁止向佃户收取这笔费用，现在国王也被迫同意不再向封臣收取这笔费用。参见 McKechnie：204—205 页。

⑦ 契约变更费：原文 fine 是英文 fine“罚款”的本词，但这里的意思不是“罚款”，而是封臣（vassal）或佃户因要对契约进行变更而须付给领主或地主的一笔费用（*OED*: fine[1] 条下Ⅲ.7.a）。

理数量之收成[①]、合理数额之常例钱[②]与合理天数之劳役[③]，不得对人员或财物造成伤害损毁[④]。如朕已将该未成年人之土地监管权委托给郡长或任何向朕代缴赋税[⑤]者，受委托者若有损毁行为，朕将责令其赔偿，并将该土地委托给同一封地之两位合法[⑥]且谨慎之人监管，此二人将负责向朕或朕任命之人缴纳赋税。若朕已将该土地之监管权赐予或售予任何人而监管者如有损毁行为，他将丧失监管权，该监管权将转给同一封地两位合法且谨慎之人，此二人将以前述相似方式对朕负责。

5

监管人在享有土地监管权期间，须利用该土地之收

① 收成：原文 exicus 的英文对应词是 produce“产品”（McKechnie），这里也可以解读为 revenues“岁入”（Davis）。

② 常例钱：原文 consuetudines，是英文 customs“关税”的本词，此处指 customary dues“按常规上缴的费用”（Davis）。

③ 劳役：原文 servicia 是英文 service 的本词。Davis 的译文里在 services 前增加了 feudal“封建”一词。

④ 损毁：原文 destructione et vasto 的英文对应表达式是 destruction or waste 的本词，vasto 或 waste 这里的意思不是“消耗”“浪费”或“耗费”，而是“承租人未经许可对所租田庄财产造成的损坏”（*OED*: waste, *n.* 条下 7）。

⑤ 赋税：原文是 exitibus，英文对应词是 revenue“国家的岁入；赋税”（Davis）。

⑥ 合法：原文 legalibus 是英文 legal 的本词，意为“合法的（legitimate 或 lawful）”。

成维护与该土地相关之房屋、林园、鱼塘[①]、壕沟[②]、磨坊及一应其他事物；继承人成年后，监管人须将全部土地，连同犁具以及各季农活[③]所需且该土地之收成可合理负担[④]之农具与牲畜[⑤]，一并归还给该继承人。

6

继承人婚配时不得嫁娶门户低于自家者[⑥]，然而婚前须将婚事向继承人之直系亲属通报。

7

寡妇在丈夫去世之后，可随即不受阻挠[⑦]地获得其陪

① 鱼塘：原文 vivaria 是英文 vivarium“鱼池”的本词，指用来存放活鱼以备享用的池子，又名 fish preserves“鱼池”（Davis），与 fish pond“鱼塘”（McKechnie）的意思接近。

② 壕沟：原文 stagna 的英文对应词是 stank（McKechnie），这个词可以指 pond“池塘”，也可以指 moat“壕沟”（*OED*：stank 条下 1）。

③ 农活：原文 waynagii 的具体意思不很清楚。这句话里这个词出现了两次，意思各有所不同。此处可解读为 husbandry“农活”（McKechnie）。

④ 负担：原文 sustinere 是英文 sustain“维持；承受”的本词，这里可以解读成 bear“负担”（McKechnie）或 support“支撑”。

⑤ 农具与牲畜：原文 waynagii 在此处可以解读为 implements of husbandry“农具”（Davis），但这个词带有定语“土地收成可合理负担”，农业生产中需要负担的生产元素除了生产者之外就是牲畜，因此这里的译文补加了“牲畜”二字。

⑥ 下娶：原文 disparagacione 是英文 disparagement 的本词，前缀 dis- 意为“不”，paraga 意为“同等；同级”，cione 是名词后缀，指“与地位低的人结婚（Marriage to one of inferior rank）”（*OED*: disparagement 条下 1）。

⑦ 阻挠：原文 difficultate 是英文 difficulty“困难”的本词。

嫁[①]和亡夫遗产，不必为其寡妇财产[②]、陪嫁或所继承夫妻二人在丈夫去世时之共有财产付费。寡妇若改嫁[③]，可在丈夫死后在夫家居住四十天，在此期间须将其寡妇财产分配给她。

8

寡妇若情愿孀居，任何人不得逼其改嫁。寡妇若持有朕之土地，须保证未经朕同意不会改嫁；寡妇若持有其他领主之土地，须保证未经相关领主同意不会改嫁。

9

只要负债人之动产足以偿债，朕或朕之官员将不得收回任何土地或地租以偿债。只要负债人本人能偿债，不得对其担保人实施羁押。如负债人因缺乏支付能力而无法偿债，其担保人须代为偿还。担保人如愿意，可扣押负债人之土地和地租，直至其所代还债务已得到偿还。

① 陪嫁：原文是 maritagium，英文对应表达式是 marriage portion，意思是“新娘结婚时获得的陪嫁”（*OED*: marriage 条下 8）。

② 寡妇财产：原文 dote 与 maritagium 同义，指女人结婚时从娘家带来的财产，丈夫仅对该财产的利息或年收入享有支配权。英文对应词 dower 有两个意思，一是“寡妇财产”，即法律允许寡妇在丈夫死后所终生享有的财产；二是“陪嫁”（*OED*: dower, *n.*^{2} 条下）。

③ 原文这里显然遗漏了“寡妇如果改嫁”这一条件。

负债人如能证明所还债务已超过担保人之担保额，则不在此列。

10

任何人向犹太人借债，不论数额大小[①]，如果在债务偿清前死亡，其继承人，无论其据有之土地属于谁，只要仍未成年，都无须支付债款利息。此类债权如归朕所有，朕将仅收回借据中所写明之本金而不问其他。

11

任何男子死亡时如欠犹太人之债，其妻可保有其寡妇财产，不必用之偿还债务。如亡者留下未成年子女，须根据死者田产多寡为之留出生活所需，剩余部分用于支付债务，须向其封建领主提供之劳役不变[②]。所欠犹太人之外其他人之债务，以相同方式处理。

12

未经全国广泛协商[③]，不得在朕之国家征收任何代

① 不论数额大小：原文是plus vel minus“不论多少”，Davis没有译出来。

② 不变：原文 salvo 的意思是“不受影响”。

③ 广泛协商：原文 commune consilium 直译成英文是 common counsel“广泛协商”（McKechnie），此处可以解读为 general consent“普遍认可”（Davis）。

役金[①]或摊派任何捐助[②]，仅以下三种情况例外：一、用于赎回朕之人身；二、用于册封朕之长子为骑士；三、用于朕之长女出嫁（一次）。摊派这三种捐助，数额须合理。向伦敦市摊派之捐助，以相同方式处理。

13

伦敦市将享受其一切古已有之自主权及陆路与水路之免费通关权[③]。朕还同意并允准所有其他市、区、镇、港均享受其一切自主权与免费通关权。

14

为就摊派捐助（上述三项捐助除外）或征收代役金事宜进行全国广泛协商，朕将提前至少40天向诸位大主教、主教、修道院住持、伯爵及大男爵逐一发出诏书；直

① 代役金：原文是scutagium，英文对应词是scutage，这个词派生自scūtum“盾”。在封建时代，骑士为报答君主封给他的采邑，一般每年须服40天军役。他如果不想服军役，可以缴纳称为scutage“盾金”的代役金。实际上，约翰王滥用这一制度，不论骑士们是否服军役，他都强征代役金。

② 捐助：原文是auxilium，英文是aid，指古代英国君主以要做某件事为由向诸侯征收的捐款。

③ 免费通关权：原文是liberas consuetudines，英文对应表达式是free customs。中世纪时，国王和领主（往往以国王的名义）惯于在一些要道关口设立关卡，向过往商人征收通关费（duty或toll），free customs指自由/免费通过这些关卡（的权利）。后来这种customs duty“惯常的通关费”只能在国境上的关卡征收，于是customs便有了“海关”的意思，而customs duty的意思也就成了“关税”。

接持有朕之封地者，朕将通过朕之郡长和百户长统一发出诏书，通知他们在所定日期和地点开会，商议诏书中所载明之事。诏书发出后，不论所有被通知者是否全都到会，议事之日所议之事将根据与会者之决议执行。

15

朕今后将不允许任何人向其自由人身份的佃户摊派捐助，除非是为了赎回其人身、册封其长子或出嫁其长女（一次）。用于这些目的之捐助，摊派数额须合理。

16

不得强迫持有骑士封地[①]或其他自有地[②]者服超过其应服之役。

17

普通诉讼之审理地点将不随朕朝廷行在之变化而变

① 骑士封地：原文是 feodo militis，英文对应表达式是 a knight's fee，指“因服军役而获得的封地”。

② 自有地：原文是 libero tenemento，libero 意为“自主”，tenement 由词干 tenēre“持有”和名词后缀 mentum 构成，合起来意为“自主持有之土地”，英文对应表达式是 free tenement（McKechnie）或 free holding（Davis）。封建时代的英国也奉行“普天之下莫非王土”的理念，所有臣民个人所持土地都是国王直接或间接封给他们或租给他们的，土地或田庄的租赁就是 tenement，对 tenement 的持有称为 tenure。对田产（an estate in land）的自有称为 free holding 或 freehold。

化，而须在固定地点审理。

18

对新近土地剥夺案[①]、先人遗产继承案[②]和教堂职位捐赠案[③]之审理[④]将仅在案发之郡[⑤]举行。朕本人，或朕出国时朕之首席法官，每年将四次派遣两名法官前往各郡，这些法官将与各郡自己所推举[⑥]之四名骑士在该郡并在

① 新近土地剥夺案：原文是 nova disseisina，转写成英文是 novel disseisin，nova 意为"新近"（recent），disseisina 意为"被剥夺"（dispossession），特指某人被剥夺土地，属于英格兰古代法（Old Law）的术语。

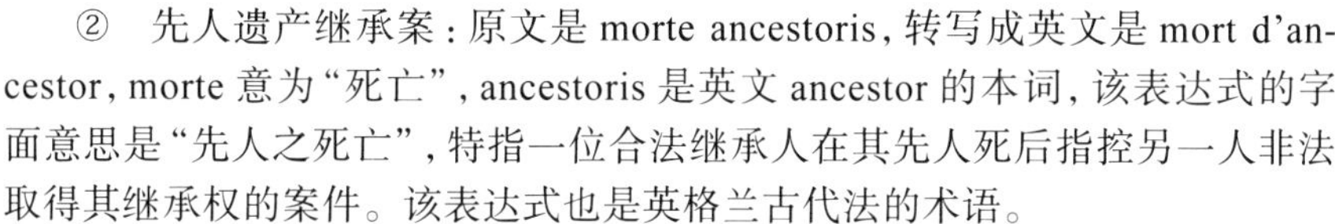

② 先人遗产继承案：原文是 morte ancestoris，转写成英文是 mort d'ancestor，morte 意为"死亡"，ancestoris 是英文 ancestor 的本词，该表达式的字面意思是"先人之死亡"，特指一位合法继承人在其先人死后指控另一人非法取得其继承权的案件。该表达式也是英格兰古代法的术语。

③ 教堂职位捐赠案：原文 ultima presentacione 的 ultima 是英文 ultimate 的本词，意为"最后一次；上一次"，presentacione 是英文 presentation 的本词，意为"捐赠"，英文对应表达式是 darrein presentiment，字面意思是"最近一次捐赠"。当时有钱人有权以向某一教堂捐一处田产的方式为自己的次子或生活有困难的亲戚在教堂安排一个职位（clerk）。该职位因职员死亡或其他原因出现空缺时，有可能出现不止一人要安排自己人来补缺的情况，解决此类争端的法律途径是，由一个裁决团裁定最近一次捐赠人是谁，捐赠权就归谁。参见 McKechnie：276—277 页。

④ 审理：原文 recogniciones 是英文 recognition 的本词，意为"（对事实的）认定"，英文对应词是 inquests"审理"。

⑤ 郡：原文是 comitatibus，英文对应词是 counties"县"。欧洲大陆的县相当于英格兰的郡（shire），所以这里译成"郡"。

⑥ 推举：原文 electis 是英文 elect"选举"的本词，但当时 electis 的意思比较宽泛，与 select"选择"的意思更接近，这里译成意思同样比较含糊的推举。

规定之日期与地点举行上述裁决[①]。

19

上述评判如无法在郡法庭开庭之日进行，出席当天庭审之人士中须有足够人数之骑士和自有地持有人[②]留下，第二天继续进行司法裁决，具体人数视裁决事务[③]的多寡而定。

① 裁决：这里的原文是 assisas，转写成英文是 assizes，本义是“就座（审议或评判）”，特指英格兰和威尔士每个郡的法庭为实施民法与刑法而定期举行的庭审。在庭审中，被告是否有过失或有罪，取决于一个由宣过誓的评判人（assessors）或誓言人（jurymen）组成的评判团评判起诉是否有充分的事实依据。这种评判团通常由 12 个人组成，称为大评判团（Grand Assize）。这种庭审办法自亨利二世朝开始实施，主要用来审议第 18 款里提到的那三种案件。之前处理此类争端的办法是对决（trial by battle）。有了这一条款，大评判团就不必从偏远的郡县百里迢迢前往伦敦的威斯敏斯特出席庭审了。这种裁决办法后来扩展到对各类民事和刑事案件，特别是恶行（felonies）或以下犯上罪（offences）的裁决，裁决法庭和评判法官（justices 或 judges of assize）的司法功能后来由巡回法庭（circuit courts）和巡游法官（itinerant judges）担任。裁决法庭被 1971 年的《法庭法案》（The Courts Act）废除，其刑事管辖权（criminal jurisdiction）转至御前法庭（the Crown Courts）。大评判团后来改称大誓言人团（Grand Jury）。参见 *OED*：assize, *n.* 条下Ⅱ.11-12。Grand jury 一般译成大陪审团，但陪审团的“陪审”与大誓言人团的“评判”，在概念上相去甚远。

② 自有地持有人：原文 libere tenentes 是第 16 款里 libero tenemento“自有地”（free holding）的派生表达式，英文对应表达式是 free holders“自有地持有者”。

③ 裁决事务：原文 negocium，各英译本都译成意思比较含糊的 business“事务”。

20

处理自由人所犯小过失，罚金须与其过失之程度相当；处理严重过失，也应如此，但不得重到剥夺其生计①之程度。若商人和农民被告至朕之法庭②，处罚商人时须允许其保留其经商手段③，处罚农民④时须允许其保留其农具⑤。此类处罚未经邻里有良好声誉人士宣誓评判⑥，不得实施。

① 生计：原文 contenemento 的确切意思不清楚，McKechnie 转写成 contenement，Davis 译成 livelihood“生活”。

② 被告至朕之法庭：原文 inciderint in misericordiam nostram 直译成英文是 fall into our mercy“落入朕之慈悲中”（McKechnie），相当于汉语的“听候朕发落 / 处置”。

③ 经商手段：原文 mercandisa 是英文 merchandise“商品”的本词，但此处似乎应包括车船马匹之类经商手段，因此 McKechnie 给译文 merchandise 打了引号。

④ 农民：原文 villanus 转写成英文是 villein 或 villain，指封建社会里靠租种领主土地为生同时没有人身自由的一种农奴。

⑤ 农具：原文是 waynagio，这里也应该指 implements of his husbandry“农具”（Davis）。

⑥ 宣誓评判：原文只有 sacramentum“神圣誓言”，即英文的 oath“誓言”，指法庭上涉案人员做任何陈述之前都得向上帝做出的只说真话的诺言，Davis 译文 assessment on oath“基于誓言的评判”中的“评判”一词的意思是原文所隐含的意思。

21

伯爵与男爵仅受其平等人士[①]处罚，且罚金数额须与其过失之严重程度相当。

22

处罚神职人员之世俗财产，将根据相同原则估算，不考虑其神职财产[②]之价值。

23

不得强迫任何城镇或个人在河上筑桥[③]，自古以来负有筑桥义务者除外。

① 平等人士：原文 pares 是英文 peers"同伴；同等级之人"的本词；由于常用来指有爵位的贵族，这个词后来又有了"爵爷"的意思。

② 原文 beneficii sui ecclesiastici 的英文对应表达式是 the benefice of his church/clergy"其教会 / 神职财产"，但英文通常译成 ecclesiastical benefice。Benefice 的意思是 beneficial property"有益财产"（*OED*: benefice, *n*. 条下 3）。

③ 筑桥：约翰王为自己狩猎方便，曾要求各地大建桥梁，加重了地方民众的负担。

24

朕之所有郡长、骑将、王官[1]或其他官员，均不得受理应由朕之法官[2]受理之法律诉讼。

25

各郡、百户[3]、镇[4]、区[5]之地租将保持在以往水平，不得增加，朕之自有庄园[6]除外。

① 王官：原文 coronatores 的英文对应词是 coroners，coron 的英文对应词是 crown“王冠”，喻指王室，coronatores 的职责是维护王室的私产。

② 朕之法官：原文 corone nostre 的字面意思是 our Crown“朕之王冠”（McKechnie），Davis 和 Hildegarde 译成 royal justices“王室法官”。

③ 百户：原文 hundredi 是英文 hundred“百”的本词，指英国古时郡县下面的一级行政区划，设有自己的法庭，相当于中国的乡。作为行政区划，hundred 指一百户人家耕种的土地面积。遇有战事，百户得出一百名兵丁。

④ 镇：原文是 wapentakorum，这个词不是源自拉丁语，而是源自古诺斯语（Old Norse），本义是“举起武器”（weapon taking），英文转写为 wapentake。英国多数郡下面的行政单位叫 hundred“百户”，在受到丹麦文化影响的地区，如约克郡、诺丁汉郡、林肯郡等，与 hundred 相当的行政单位叫 wapentake。

⑤ 区：原文是 trethingi，tre- 意为“三”，转写成英文是 trithing，不是 tithing“什一”（Davis）。英国历史上，有些郡划分成三个区，这一级行政单位就叫 trithing。

⑥ 自有庄园：原文 dominicis maneriis 的 dominicis 意为“属于领主的；自有的”，maneriis 意为“庄园；田庄”，转写成英文是 demesne manors“自有庄园”。

26

从朕处获得世俗封邑[①]者死后，朕之郡长或百户长如出示朕之公函传票[②]，表明死者所欠朕之债务，即可在享有法权人士[③]监督下，合法抄没并登记死者世俗封地之动产[④]，所抄没财物之价值须与所欠债务之价值相抵[⑤]。债务偿清之前，任何人不得从封地上取走任何财物。债务偿清后，剩余财物留待遗嘱执行人按死者遗嘱处理。如死者不欠朕任何债务，所有动产，除酌情留给死者妻子与子女部分外，将被视为死者之财产。

① 世俗封邑：原文 laicum feodum 的 laicum 意为“世俗”，与 ecclesiastical“教会”相对；feodum 的英文对应词是 fief（McKechnie）或 fee（Davis），意思都是“封地；封邑”。feodum 是封建制度（feudal system；fiefdom）或封建主义（feudalism）的核心词，指君主封给宗室成员或功臣的田产，作为其可世袭的食邑，食邑者有义务每年向君主称臣纳贡（pay homage）并每年服一定天数的劳役（service），战时则须服军役（military service）。

② 公函传票：原文是 litteras nostras patentes de summonicione，英文对应表达式是 our letters patent of summons，letters patent 的意思是“公开信；公函”，summons 的意思是“传票”。

③ 享有法权人士：原文 legalium hominum 直译成英文是 legal/lawful person“合法人士”，McKechnie 译成 law-worthy men，意思是“在法庭上有一席之地的人；享有全部法权的人”。Davis 译的 worthy men 显然有误。

④ 动产：原文 catalla 与英文 cattle“牛”同源，牛在古代是最重要的可动财产。英文对应词可以是 chattels“动产”（McKechnie）、movable goods“可动产”（Davis）或 articles of property“财物”。

⑤ 在此之前，郡长和百户长往往把死者的财产通通收归国王。

27

自由人如未立遗嘱而死亡，在扣除死者所欠所有债务后，其动产可由其最近亲属[①]与朋友在教会监督下分配。

28

任何骑将或朕之其他官员不当即付款，不得拿走任何人之粮食或其他财物，除非卖方自愿允许赊账。

29

任何骑士若愿意自己在城堡站岗，或因正当理由无法自己站岗而找到另一合格者代为站岗，任何骑将均不得强迫该骑士交钱以免除其站岗之责。此外，骑士服军役之天数将从其站岗之天数中扣除。

30

朕之任何郡长、百户长或其他人员未获自由人之同意，不得征用其马匹或车辆作为运输工具。

① 最近亲属：原文 parentum 的意思是“亲人”，英文对应词是 nearest kinsfolk（McKechnie）或 next-of-kin（Davis），二者的意思都是“最近亲属”，后者是法律术语。

31

朕或朕之官员未获木材主人同意，不得征用不属于朕之木材，用于为朕建造城堡或其他目的。

32

被判定犯有恶行[1]者，朕扣压其土地之时间不得超过一年零一日，之后该土地将还给有关封地之领主。

33

泰晤士河、梅德韦河及英格兰全境所有鱼堰[2]将被拆除，沿海岸所建鱼堰除外。

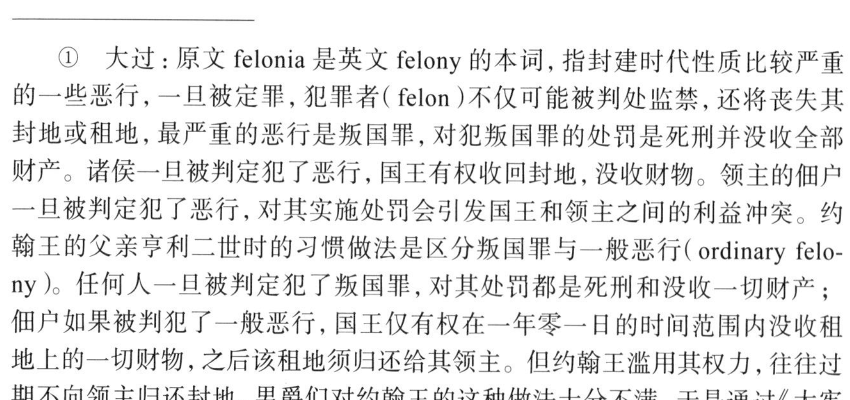

① 大过：原文 felonia 是英文 felony 的本词，指封建时代性质比较严重的一些恶行，一旦被定罪，犯罪者（felon）不仅可能被判处监禁，还将丧失其封地或租地，最严重的恶行是叛国罪，对犯叛国罪的处罚是死刑并没收全部财产。诸侯一旦被判定犯了恶行，国王有权收回封地，没收财物。领主的佃户一旦被判定犯了恶行，对其实施处罚会引发国王和领主之间的利益冲突。约翰王的父亲亨利二世时的习惯做法是区分叛国罪与一般恶行（ordinary felony）。任何人一旦被判定犯了叛国罪，对其处罚都是死刑和没收一切财产；佃户如果被判犯了一般恶行，国王仅有权在一年零一日的时间范围内没收租地上的一切财物，之后该租地须归还给其领主。但约翰王滥用其权力，往往过期不向领主归还封地，男爵们对约翰王的这种做法十分不满，于是通过《大宪章》对国王的这一权力加以明确限制。参见 McKechnie: 337—339 页。

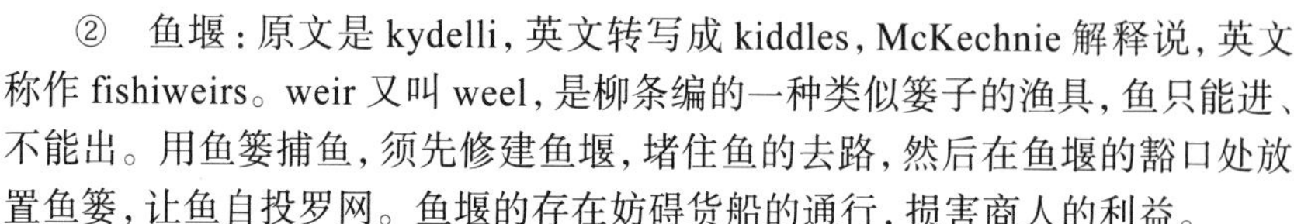

② 鱼堰：原文是 kydelli，英文转写成 kiddles，McKechnie 解释说，英文称作 fishiweirs。weir 又叫 weel，是柳条编的一种类似篓子的渔具，鱼只能进、不能出。用鱼篓捕鱼，须先修建鱼堰，堵住鱼的去路，然后在鱼堰的豁口处放置鱼篓，让鱼自投罗网。鱼堰的存在妨碍货船的通行，损害商人的利益。

34

今后不向任何人就土地持有问题下达被称为责成令[①]之敕令[②]，以免自由人因此被剥夺在其领主法庭上受审判之权利。[③]

---

① 责成令：拉丁文是 præcipe（《大宪章》里写作 precipe），这种文件一般以拉丁文祈使句 Præcipe quod reddat“责成（当事者）采取行动”开始，所以称为 præcipe“责成令”。亨利二世曾以统一全国司法制度为名，下发这种文书，把传统上由封地领主主持审理的涉及佃户的案子收归王室法庭审理。这一做法引发了男爵们的极大不满。

② 敕令：原文 breve 的英文对应词是 writ，指权力机构发布的文书（a letter of authority）或君主颁发的敕令（a royal mandate）。

③ 本条款虽然简短，其内容也不像第 39 款那样具有普遍的法理意义，然而约翰王动辄颁发的所谓责成令在当时却是造反男爵们的一个心头病，因为这种敕令侵犯了他们的核心利益。在有关地权归属的诉讼中，封建社会的惯例是司法管辖权完全归封建领主，任何人，包括国王在内，都无权干涉，除非领主未能公正司法。但是亨利二世为了削弱领主的权力，规定领主法庭未获王室责成令许可，不得审理任何涉及世俗封地所有权的诉讼，封建领主摄于亨利王的权势，只好默认这一规定。亨利王还发明了两种敕令，一种称为“改正敕令”。也就是说，当封建领主的佃户告御状说，领地法庭没有对他公正司法，国王可颁发敕令，要求不负责任的领主正确处理告状者的案子，否则国王将亲自处理。这种敕令表面上没有违背传统司法习惯的精神，实际上却为王室法庭奉国王旨意干预封地法庭的审判铺平了道路，因为什么情况属于未能公正司法，怎样做才是正确处理，完全由国王说了算。亨利王发明的另一种敕令即责成令。这种敕令完全无视封地领主的司法管辖权，直接下发至郡长，指示郡长责令被告将涉案土地还给原告，否则被告须到王室法庭上解释他为何不服从郡长的命令。这样一来，封地法庭受理土地诉讼以及封建领主听取土地诉讼的权力就被剥夺了，领主统治其佃户的权威也随之丧失。由于改正敕令冠冕堂皇，相关司法程序操作性不强，实际上也没有怎么应用，男爵们对这种敕令没有明确表示反对，仅要求国王不再颁发责成令。在《大宪章》的条款中，只有这一条违背时代进步的潮流。参见 McKechnie：346—356 页。

35

全国各地将使用伦敦夸特[①]作为统一单位来计量葡萄酒、麦芽酒和粮食。全国各地还将使用统一单位来计量布幅，不论色布、褐呢[②]或其他布料[③]，布幅之标准宽度是两边之间为两厄尔[④]。重量单位也将标准化。

36

今后，不得因发出死刑或截肢刑案[⑤]勘验敕令而收受任何财物，此等敕令应免费发出且不得拒绝。

① 伦敦夸特：英国古代容量单位，原文 quarterium 和英文对应词 quarter 的本义都是“四分之一”，1 伦敦夸特指一个酒桶（ton）容量的四分之一，等于 8 蒲式耳（bushels），1 蒲式耳等于 8 加仑（gallons），1 加仑等于 4.564 升（litres）。

② 褐呢：原文 russettorum 转写成英文是 russett，指一种红褐色家纺粗呢，农民或乡下人做衣服通常用这种布料。

③ 其他布料：原文 halbergettorum 转写成英文是 halberget（McKechnie）或 haberject（Davis）。没有人能说清这个词的确切意思，只知道这是一种布料的名称。

④ 厄尔：英国古代长度单位，原文 ulne 转写成英文是 elle，相当于 45 英寸，约合 1.15 米。

⑤ 死刑或截肢刑案：指被告有可能被处以死刑或截肢刑的案件。

37

任何人若以固定费[①]、田役[②]或城区费[③]之方式从朕处获得土地，并因服军役[④]而从另一领主处获得土地，只要他缴纳固定费、服田役或缴纳城区费，朕便不再要求对其子嗣实施监护；除非固定费缴纳者欠服军役，否则朕也不要求对其固定费、田役或城区费实施监管。任何人若因向朕提供刀剑、弓箭之类物品而从朕处获得小田产[⑤]，朕不会因这种田产而要求对其子嗣实施监护或对其因服军役而从其他领主处所获土地实施监管。

① 固定费：原文 feodifirmam 的 feodi- 指地租，转写成英文是 fee；firmam 与英文 firm 同源，意为“固定的”，转写成英文是 farm，feodifirmam 或 fee-farm 的意思都是“固定地租”（通常占年收成的 25%）。后来 fee-farm 专指以这种地租形式租赁的土地或农场，再后来 fee 省去不用，于是 farm 本身便有了“农场”的意思。

② 田役：原文 sokagium 转写成英文是 socage，指骑士为从君主那里获得农村土地使用权而为君主提供的除军役之外的其他各种差役。

③ 城区费：原文 burgagium 转写成英文是 burgage，指骑士为从君主那里获得城市（borough）房地产使用权而向君主支付的租金。

④ 军役：原文 servitium militare 的英文对应词是 military service。

⑤ 小田产：原文 parve serganterie 的 parve 意为“小”，serganterie 意为“服役；办差”，英文对应表达式是 small serjeanty。骑士为获得君主土地的使用权所须服的劳役区分大小，大劳役指为保卫国家服的军役，小劳役指为君主做的其他差事。小劳役后来转指因此获得的 small property“小田产”（Davis）。

38

今后任何官员不得仅凭自己一句话[①]，在没有可信[②]证人证明其真实性之情况下，对一个人进行审判。[③]

39

任何自由人将不受逮捕、监禁、没收财产、剥夺法律保护、流放或以其他任何方式受到伤害[④]，朕亦不会对之施加暴力或派人对之施加暴力，除非

① 原文 simplici loquela 的英文对应表达式是 simple speech“简单一句话”，simplici 可以解读为 unsupported“没有凭据”（McKechnie），但 loquela 不是 complaint“抱怨”（同前），而是 statement“陈述”（Davis）或 word“说法”。

② 可信：原文 fidelibus 与《大宪章》序言第一句话里的 sui fidelibus“其忠实臣民”是同一个词，本义为“有信仰的（faithful）”，所信仰者即上帝。上帝给其子民规定的《十诫》中有一条是“不得撒谎”，因此信上帝或有信仰的人是不撒谎的或可信的人。对证人品格的这一要求在后来的庭审实践中成为一个关键因素。任何证人一旦被证明有过撒谎行为，其证言的有效性就会大打折扣。

③ 17 世纪的法学家爱德华·库克（Edward Coke）称这一条款为“金玉良言（golden passage）”。

④ 伤害：原文 destruatur 的英文对应词是 destroy“损害；伤害”（McKechnie）或 harm，不是意思含糊的 deprived of his standing“剥夺其地位”（Davis）。

通过其平等人士[1]之合法裁决或[2]通过英格兰法裁决[3]。[4]

① 通过其平等人士之合法裁决：原文per legale iudicium per parium suorum译成英文是by the lawful judgement of his peers/equals。这里parium的意思是“对等人士；平等人士”，也就是说，贵族的案子由贵族裁决，自主持有土地者(free-holders)的案子由自主持有土地者裁决，王室佃户的案子由王室佃户在王室法庭上裁决，领主佃户的案子在相关封地的男爵法庭裁决，平等人士不包括农奴(villeins)，因为农奴没有法律权利。此外，犹太人、诺曼底人和威尔士人的案子分别由各自民族的人裁决，外国商人的案子由一半外国商人和一半英国商人裁决。没有明确规定但实际上实行的惯例是，高等级的人可以裁决低等级人的案子，低等级的人不能裁决高等级人的案子。这些裁判原则和惯例欧洲大陆和英格兰早已有之，约翰王破坏了这些原则和惯例，通过自己提名的人选组成仲裁庭进行裁决，将大批政敌和私敌流放或没收财产。参见McKechnie：377—387页。

② 或：原文vel的英文对应词是or“或”，不是and“和”。这个词连接的是通过平等人士裁决和通过习惯法裁决这两种裁决方式。也就是说，诉讼双方可以在两种裁决方式之间做出选择。

③ 英格兰法裁决：原文per legem terre译成英文是through the law of the land“通过这片土地之法”，这片土地的所指就是England“英格兰”，因此the law of the land“这片土地之法”就是the law of England“英格兰法”。Hildegarde的译文是according to the common law“根据习惯法”，虽然common在词义上与terre不对应，但其所指却是对的，因为英格兰法的基本性质就是习惯法。英格兰人是日耳曼人的后裔，日耳曼人传统上往往采用考验的方式来裁决案件，考验的办法有多种，包括在中人的监督下原告和被告双方打一仗、二人决斗、忍受折磨(trial by ordeal，例如赤手从沸水中取物品、手持红烙铁、蒙眼在烧红的犁头之间赤脚行走)等。古人相信，神明会保佑有理一方或无辜者不受伤害。同时这个短语还应该隐含“裁决”的意思。

④ 《大宪章》里最著名的条款可能就是这第39款，其最主要的进步意义就在于，禁止国王未经平等人士的合法裁决或英格兰习惯法裁决就对一个人执行刑法。弗冉希斯·培根(Francis Bacon)称之为16世纪评判团(the jury)制度和司法程序的基础。对于这一条款是否意味着评判团制度由此正式在英格兰开启，学界还有争议。实际上仅贵族享受到了在刑法案件中由平等人士裁决的权利，所有贵族圈外的自由人如被控犯了恶行，都是在普通法庭由法官审判。参见McKechnie：392—393。

40

朕不会向任何人出卖[①]权利或正义，朕也不会拒绝或拖延任何人之权利或正义。

41

一切想在英格兰做买卖之商人均可按[②]古老且合法之常例[③]安全无忧地出入英格兰，在英格兰各地暂住并旅行[④]，不论经由水路或陆路，免交一切非法路费[⑤]，仅战

① 出卖：长期以来的习惯做法是，臣民如果要求国王为自己颁发敕令（writs），国王要收费，金额根据敕令的性质及其所涉钱财价值大小而定。这等于是在出卖正义。

② 按：原文 per 最基本的意思是 through"通过；经"，比较常见的引申义是 by"凭借；用"。McKechnie 译成 by，Davis 译成 in accordance with"根据；遵照"。根据后面补语 consuetudines 的意思，这里译成"按"。

③ 常例：原文 consuetudines 的英文对应词是 customs。这个词在《大宪章》里共出现了 7 次。

④ 安全无忧地……旅行：原文 habeant salvum et securum exire de Anglia, et venire in Angliam et morari et ire per Angliam 里的 salvum et securum 译成英文是 safe and secure 或 safety and security，这个短语不仅修饰接下来的 exire de Anglia, etvenire in Angliam"出英格兰并且进英格兰"（Anglia 之所以出现两次而且形式不同，是因为表示"出"和"进"时，同一个名词要用不同的格），而且还修饰后面的 et morari et ire per Angliam"并且在英格兰各地暂住与旅行"（and stay and travel throughout England）。

⑤ 非法路费：原文 malis toltis 译成英文可以是 evil tolls"邪恶路费"（McKechnie）、unlawful extractions"非法收费"（Davis）或 illegal tolls"非法路费"。

时来自敌对国之商人除外。战事一旦爆发，国内来自敌对国之商人将受到羁押，但不得对其人身或货物施加伤害或损害，直至朕之首席法官弄清楚我国商人在敌对国受到何种待遇。如我方商人在对方安全无恙，对方商人在我方也会安全无恙。

42

今后，任何人只要对朕效忠，都可合法地经由水路或陆路安全无忧地出入我国，战时为保护我国公共利益之短暂时期例外；依据我国法律被囚禁者、被剥夺法律保护者及来自与我交战之国者不在此列；对商人按前一款所述办法对待。

43

任何归地[①]（如沃灵福德[②]、诺丁汉、布洛涅[③]、兰卡斯特之名誉领地[④]或其他归朕所有并带有男爵领地性

① 归地：原文 eskaeta 译成英文是 escheat“归地”。根据封建法律，封臣或佃户死后如未留下有资格继承其封地或租地的子嗣，该封地或租地则由国君或领主收回，这种土地称为“归地”。

② 沃灵福德：Wallingford，牛津郡的一个古镇，镇上的沃灵福德城堡是中世纪早期英国王室的常驻地，后来被温莎城堡取代。

③ 布洛涅：Boulogne，中世纪时法国北部最靠近英国的一个县及其同名县城，现在该城市名叫滨海布洛涅（Boulogne-sur-Mer）。

④ 名誉领地：拉丁文 honore 译成英文是 honour，指一位男爵或大领主名下的多处田庄。

质之封地)的持有者死后，如该归地仍在男爵手中，已故持有者之子嗣仅须向男爵而不是向朕缴纳续租费并服劳役。朕保有该归地之方式将与男爵以往保有之方式相同。

44

今后，在林苑[1]外居住者将不必接受一般性传唤到朕之林苑法庭出庭，除非他们涉入一场法律诉讼或者身为因触犯林苑法而遭逮捕者之保人。

45

朕任命为法官、骑将、郡长或乡长者，须熟知我国法律，决心认真执法。

46

建造修道院之男爵，如持有英格兰国王所颁特许状或一直长期保有其产权[2]，在该修道院空置[3]时，有权接

① 林苑：拉丁文 forestam 的英文对应词是 forest，这里这个词的意思不是“森林”，而是指被王室圈起来作为御用猎场的林地，相当于中国古代的禁苑、林苑或清代的围场。

② 一直……产权：对于拉丁原文 habent…antiquam tenuram 有两种解读，一种是 have ancient tenure as evidence of this“持有古老契约作为其建造凭证”(Davis)，另一种是 have long-continued/standing possession(McKechnie/Hildegarde)，本译文采用后一种解读。

③ 空置：拉丁文 vacaverint 的意思是“空缺；空置”，Davis 将之解读为 there is no abbot“院长位置空缺”，有些过于具体化。

管之，因为理当如此。

47

所有本朝所圈之禁苑将立即解禁。本朝为防御之目的所圈之河岸亦将解禁。

48

对与林苑和兽苑[①]、林官和兽官、郡长及其部属、河岸及其护岸官有关之一切邪恶惯例[②]，即着各县由正派人士从该县推选出12名骑士，宣誓后展开调查，调查开始后40日之内，邪恶惯例将彻底废除，永不恢复。但朕，或当朕不在英格兰时朕之首席法官，须先得到通报。

49

英格兰人交给朕作为和平抵押或忠君担保之一切人质和特许状，朕将立即归还。

---

① 兽苑：拉丁文 warennis 的英文对应词是 warrens，指英国历史上被王室圈起用于繁殖猎物之处。

② 邪恶惯例：拉丁文 male consuetudines 译成英文是 evil customs“恶俗”，这里指相关人员对百姓进行的已成为惯例的巧取豪夺。

50

朕将立即撤销杰拉德·德阿泰[①]亲属之一切职务，永不叙用，这些人包括昂基拉·德希戈涅、彼得·德尚索、盖伊·德尚索、安诸·德尚索、盖伊·德希戈涅、杰弗瑞·德马蒂尼及其兄弟、菲利普·马克及其兄弟、侄子杰弗瑞及其所有追随者。

51

一俟和平恢复，朕将从英格兰驱逐一切外国出生之骑士、弓弩手及其随从，以及携带马匹与武器进入我国之雇佣兵，因其给我国造成了祸害。

52

对任何未经其平等人士合法裁决而被朕剥夺了土地、城堡、特许权[②]或权利者，朕将立即予以恢复。对有争议之案例，须通过下面有关和平保障之条款[③]所载明之

---

① 杰拉德·德阿泰：Gerard de Athée 是约翰王在诺曼底雇佣的一名军官，起初在法国为约翰效力，后受命征服威尔士南部，历任格洛斯特郡和赫里福德郡正郡长（High Sherriff，1208—1210），诺丁汉郡、德比郡与御苑正郡长（1209），成为有权有势的人物，他的快速升迁引发了英格兰男爵的不满。

② 特许权：拉丁文 libertatibus 的意思不是泛泛 liberties“自由”（Davis），而是国君授予贵族的 franchises 或 privileges“特许权；特权”（McKechnie）。

③ 即《大宪章》第 61 款。

二十五位男爵做出裁决加以解决。对未经其平等人士合法裁决而被朕之父王亨利或王兄理查剥夺了上述财产或权利，且这些财产或权利现为朕所执掌或在朕担保下由他人执掌之案件，朕将缓期处理，除非在朕举起十字去远征之前相关法律诉讼已经开始，或根据朕之敕令已经着手对案件进行调查；所缓期限为十字军远征之通常期限。一旦朕从远征归来或万一放弃远征，朕将立即公正处理这些案件。

53

对以下情况，朕也将缓期处理：朕之父王亨利或王兄理查所圈之林苑是解禁还是保留；事关他人封邑土地之监管权，该监管权由于第三方因服军役而从朕处获得封地而一直归朕所有；事关朕在非朕之封地上所建修道院，该封地之领主声称对该修道院拥有产权。一俟朕远征回国或放弃远征，朕将立即公正处理有关这些事项之申诉。

54

任何人不得因一个女人起诉他杀了人而遭逮捕，除非死者是该女人之丈夫。

55

上缴给朕之一切不当与非法罚款以及朕所收缴获之

一切不当与非法罚款，都将全部退还；如有争议，将由下面有关和平保障之条款[①]所载明之二十五位男爵裁决，或由这些人连同坎特伯雷大主教斯蒂芬（如他能出席）及他所愿带领者之多数人意见裁决。如大主教无法出席，裁决将照常进行，但如果这二十五位男爵中有人是案件当事人，该男爵对该案件之裁决权将被搁置，其余二十四人将另选一人作为替补，宣誓后行使对该案件之裁决权。

56

如果朕未经平等人士合法裁决而剥夺或没收了任何威尔士人在英格兰或威尔士之土地、特许权或其他东西，朕将立即归还给他们。如在这类问题上出现争议，将由其平等人士在威尔士与英格兰交界地带裁决。英格兰法律将适用于英格兰一侧地产之归属，威尔士法律将适用于威尔士一侧地产之归属。威尔士方将以同样方式对待我方。

57

事关威尔士人未经其平等人士合法裁决而被朕之父王亨利或王兄理查剥夺或没收任何财产或权利，且这些财产或权利现为朕所执掌或在朕之担保下由他人执掌之案

① 即《大宪章》第 61 款。

件，朕将缓期处理，除非在朕拿起十字去远征之前相关法律诉讼已经开始，或根据朕之敕令已经着手对案件进行调查；所缓期限为十字军远征之通常期限。一俟朕远征归来或万一放弃远征，朕将立即根据威尔士法律在上述地区①公正处理这些案件。

58

朕作为和平担保所扣押勒威林②之子、所有威尔士人质以及呈交给朕之特许状，朕将立即归还。

59

至于归还苏格兰王亚历山大③之姐妹和人质、恢复其特权与法权，在这些问题上，朕对待他将与对待其他英格兰男爵一样，除非其父亲（前苏格兰王威廉）交给朕之特许状表明他应得到不同待遇。此事将根据其在我朝平等

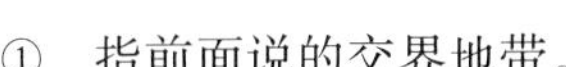

① 指前面说的交界地带。

② 勒威林：即勒威林大公（Llywelyn the Great），全名是Llywelyn ap Iorwerth（约1172—1240），起初是北威尔士的圭内斯亲王（Prince of Gwynedd），娶约翰王的女儿为妻，后成为威尔士全境的统治者。他率部与英军多次交战，1211年战败，被迫割让土地，将其私生子交给约翰王作为人质，并同意如死时仍没有合法继承人，其全部领土将归英王所有。后来他联合其他威尔士贵族反攻，逐渐收复失地。1215年他加入了英格兰男爵的造反队伍。

③ 亚历山大：即亚历山大二世（Alexander Ⅱ），全名是Alasdair mac Uilleim（1198—1249），1213年被约翰王封为骑士，1214年继承苏格兰王位，1215年与英格兰男爵结盟，率军与约翰王的军队作战，一直打到英格兰南部的多佛尔。

人士之裁决处理。

60

上述所有惯例与朕所授之特权，只要事关朕与朕之臣民[①]之关系，在全国都有效；只要事关朕之人臣与其民众[②]之关系，全国所有人，无论神职或俗职，都须同样遵守。

61

鉴于为了上帝，为了国家进步[③]，为了更好地消弭朕与男爵们之间所出现之不和，朕已允准上述一切，且愿意男爵们完全而稳固地永远享有之。为此，朕给予并允准这些男爵享有下述安全保障：

男爵们将从我国[④]推举出二十五个他们属意之人，这些人将尽全力维护并确保授予他们并经本宪章确认之和平与特权得到遵守。

① 朕之臣民：拉丁文仅是一个 nostros“我们 / 朕的”，这里显然指“臣民”。

② 其民众：这里的拉丁文也仅是一个 suos“他们的”，其所指显然是“民众”。这一款为库克所特别看重，因为它把《大宪章》的适用范围从君臣关系扩大到了贵族与民众的关系。也就是说，《大宪章》提倡的法治原则适用于一切国民。

③ 进步：拉丁文是 emendacionem“改正；改进”。

④ 我国：拉丁文 de regno 译成英文是 of the kingdom“从这个王国”。为了确保《大宪章》得到执行而选出来的这二十五位男爵，实际上构成了一个议事会。16 世纪史学家威廉·兰巴德（William Lambarde，1536—1601）认为，英国议会制度概念的产生可以追溯到大宪章时期。

如朕、朕之首席法官，朕之官员或朕之任何臣子在任何方面侵犯任何人，或违反和平协议，或违反本安全保障之任何一条，且该过失被报告给上面所说二十五位男爵中之四位，这些男爵可来至朕处，或当朕不在国内时来至首席法官处，宣布该过失并要求立即纠正。如果在四十天内，天数从向朕（或当朕不在国内时向朕之首席法官）宣布之日起计算，朕不加纠正（或当朕不在国内时朕之首席法官不加纠正），上述四位男爵可将此事提交至这二十五位男爵中之其他男爵，这二十五位男爵在得到全国民众[①]支持时，可羁押朕并以任何可能方式使朕遭受损失，包括占领朕之城堡、土地，拿走朕之财产或任何其他物品，但不得伤害朕之人身和王后以及朕子女之人身，直至他们认为过失已得到纠正。过失一经纠正，他们便须像之前那样服从朕。

任何人只要愿意，都可宣誓服从上述二十五位男爵之命令，做所有上述之事，与他们一起尽其全力使朕受损。朕特此公开并自愿允许任何愿意这样宣誓者宣誓，决不禁止任何人这样宣誓。本国所有自己无意宣誓跟男爵们一起羁押并损害朕者，朕将敦促他们做出这种宣誓。

二十五位男爵中如有人死亡，离开英格兰或因任何其他原因无法履行其职责，其他男爵可根据自己意愿推

① 民众：拉丁文 communa 意思是“生活在一起的人”，英文对应词是 community。

选另一位男爵代替之，获选者将像其他男爵一样届时宣誓就职。

这二十五位男爵如就提交他们决定之问题产生不同意见，在场多数人意见之效力将等同于全体二十五人之一致意见，不论这二十五人是全体在场还是其中一些人得到通知后不愿或无法出席会议。

上述二十五位男爵将宣誓忠实执行上述所有条款，并尽全力促使其他人遵守这些条款。

朕既不会通过自己之努力，也不会借助第三方之努力，去做任何有可能取消或削弱这些让步或特权或其任何部分之事。即使出现这种事，也是非法与无效的。朕任何时候都不会利用这种事或通过第三方利用这种事。

62

所有自这场争议开始以来朕与朕之僧俗臣民之间所产生之恶意、仇恨、怨恨，朕都已悉数宽恕，并赦免每一个人。另外，对所有僧俗人等在本朝十六年[①]复活节至恢复和平期间因这场争议而发生所有以下犯上之行为[②]，凡与朕相关，朕已完全宽恕并全部赦免。

---

① 即1215年。

② 以下犯上之行为：拉丁文 trangressiones factas 的意思是“僭越 / 越界行为”，英文可以是 trespasses(McKechnie)、offences(Davis)或 transgressions。

此外，朕已命人发出公开信[①]，证明坎特伯雷大主教斯蒂芬、都柏林大主教亨利、上述其他主教及潘道尔夫先生见证了这一安全保障与上述让步。

63

为此，朕愿意坚定不移地宣布，英格兰教会将自主行事，朕之人臣，包括其子嗣，将如前所述，和平美好地、完全充分地、自由平静地享有并保持从朕及朕之子嗣处所获上述一切特权、法权和让步，无论涉及何事，无论身处何地，永远不变。

朕与男爵们都已宣誓，将认真遵守上述所有条款，不得恶意欺骗。

见证人

本诏书由上述之人及其他多人见证。此谕。

日期

本朝十七年[②]六月十五日，在温莎与斯泰恩斯之间称为兰尼米德之草场加盖朕之御玺。

① 公开信：拉丁文是 litteras testimoniales patentes“公开证明信”。

② 约翰继承王位是 1199 年，但其新年号（the new regnal year）从当年的 5 月 28 日开始，到 1215 年 6 月，已经进入第 17 个年头。

附录一 《大宪章》(1215—1915)

——《大宪章》700 周年之际向皇家历史学会及《大宪章》庆典委员会的致辞[①]

〔英〕威廉·麦克奇尼 著
康宁 译 李红海 校

兰尼米德草场地处斯泰恩斯(Staines)与温莎(Windsor)之间的泰晤士河滩,是一处颇受热爱英格兰和自由的所有志士推崇的所在。七百年前,正是在这个地方,国王约翰屈服于自己一手酿成却又无法平息的风波,为自由宪章(Charter of Liberties)加盖了英格兰的国玺。此举值得纪念之处不一而足,其首要者,即是清晰阐述了专制者的恣意必须服从法律;与此同时,为法律和习惯所明确之个体的适格权利,不受国王意志的干涉。

---

① William Sharp McKechnie, Magna Carta (1215–1915), in Henry Elliot Malden (ed.), *Magna Carta Commemoration Essays*, for the Royal Historical Society, Aberdeen: The University Press, 1917, pp. 1-25.

在颇具画面感和仪式性的场景中，失地王约翰（John Lackland）同意了男爵们的条件，默许了垂范后世的宪法原则，亦即，统治者必须对其统治权的行使负责。四个世纪之后，当斯图亚特王朝君权神授（Divine Right of Kings）理论的主要鼓吹者为其信念殉道时[1]，约翰王在兰尼米德的让步也就预言了白厅（Whitehall）这次更大悲剧的上演。1215 年，严重违背其意志的约翰王被迫在英国宪制发展的道路上痛苦地走出了第一步；未来的几个世纪中，这一宪制进程稳步地形塑了国王非人格化（royal impersonality）以及行政大臣对国王行为负责（responsibility of ministers）的现代理论。

应当对导致如此显要之屈服的过程略作阐明。约翰的父亲、安茹王朝的亨利（Henry Plantagenet）凭借倍于常人的不懈精力、能力还有安茹一脉（race of Anjou）的血性，为自己的英王宝座奠定了强大的基础。在组建有效行政管理系统的过程中，他将国王特权之弓拉到了尽头，而将地方权贵、伯爵以及男爵的许可、特权和独立压到了最低。一方面，他从数量和频率两方面增加了其封臣的劳役与赋税；另一方面，他又裁减了封臣们收益性的封建特许，对封臣主持法庭并审讯犯人的权力进行了抑制。

以上两项主要的措施令 13 世纪的封建领主感到不

① 指理查一世被送上断头台一事。——译者

满——增加封建负担以及限制封建特权——即使亨利暴涨的君威令人生畏,贵族们仍旧难掩不安之情绪。作为亨利的子嗣,急躁的理查和约翰更残暴地将这两项压迫王室封臣的措施发挥到了极致。不唯如此,出于不同之原因,为了延续其父高效有序的行政体系(为此贵族们在亨利治下付出了沉重的代价),这两位国王又引入了第三项招致怨恨的措施,最后仍以失败告终。他们招募了一些贪得无厌、利欲熏心的外国冒险者来担任王室官员和各郡的郡长、百户长等。

约翰所采取的严苛的执行手段,使得诸项封建赋役和附带义务越发令人反感。免服兵役税(Scutages)尤其如此。作为骑士所支付的、用以免除实际外出征战义务的费用,免服兵役税不仅在频度和数量上不断增加,而且因其攫取方式的强硬而变得难以承受。所有虽不成文却广为认可的封建律法,一应遭到了约翰及其毫无节制之雇佣兵集团的破坏,像西戈涅的恩吉拉(Engelard of Cigogne)、马蒂尼的杰弗里(Geoffrey of Martigny)及其同伙,都在《大宪章》的第五条中留下了污名。作为普通人,约翰带来了很多残酷的私欲之恶;作为统治者,他又横征暴敛、目无律法和效率低下而激起了仇恨,前后两者现在叠加在了一起。

截至1213年,贵族们满怀愤懑,强压不满,只待一个反抗的机会,他们便可凭借手中的武器起事。大主教斯

蒂芬·朗顿(Archbishop Stephen Langton),这位应被英格兰自由的承继者们所永久敬仰的人物,在方向、要点和团结一致等方面给他们提供了帮助。他向贵族们出示了约翰曾外祖父亨利一世颁布于1100年的加冕宪章(Coronation Charter),这至少可以作为起事者形成改革方案的模板和起点。

反叛一触即发,只待时机得当;1214年秋天,这一时机出现了。此时,约翰王带着挫败与羞耻自法国返航:从腓力·奥古斯都(Philip Augustus)手中夺回法国安茹诸省的宏大计划已经彻底破产——尽管他有着以神圣罗马帝国皇帝为中心的庞大联盟。1214年10月15日,刚刚回国且狼狈不堪的约翰面临英国史无前例的内政危机。北方的贵族率先提出必须对他们遭受的不公进行救济。当国王提出要征收新的免服兵役税且其税率为史无前例的每份骑士役领地3马克时,[①]贵族们积蓄已久的怒火之盏终于爆发了。

根据温多弗的罗杰(Roger of Wendover)的记述,在与约翰进行了一次徒劳的谈判之后,11月4日,权贵们聚集于圣埃德蒙德贝里(Bury St. Edmunds),"好像是在祈祷,但实际上另有他事,因为密谈之后他们中间有人

① 此处原文为"three shillings",但其他文献(包括本书正文部分第二章)标明的是"three marks",根据先令和马克的大小关系,我们认为此处应为"3马克",故进行了修改。——译者

出示了亨利一世国王的宪章,而这个宪章他们也曾在伦敦从坎特伯雷大主教斯蒂芬·朗顿那里得到过”。他们庄严宣誓,同意针对国王采取一致行动,之后便分头筹备武装起事事宜,起事的时间定在了圣诞节。立约者坚守他们的约定;1215年1月6日,造反者选出一名代表与约翰在伦敦的教堂会面,双方达成停战协定,休战至复活节。

4月,北方贵族再度武装集结并向南进军布拉克利(Brackley)。国王派出密使与之相见并询问其要求,使臣将一份纲要性文件带给约翰——这就是后来被扩充为男爵宣言之文件的初稿,后者以《男爵法案》(Articles of the Barons)为世人所知,但更完整和精确的描述为《男爵提出且经王上确认之法案》(Capitula quae barones petunt et dominus rex concedit),现与大宪章置于同一匣内,在不列颠博物馆向公众展览。

然而,约翰的许可并非轻易可得。当使节将贵族们的要求带回国王当时所处的威尔特郡(Wiltshire),约翰勃然大怒。他以惯有的毒舌,放言绝不用使自己变身为奴的方式成全臣属们的自由;他反唇相讥:“男爵们怎么没用这些无理的敲诈索要我的王国呢?”

5月5日,男爵们推举罗伯特·菲茨沃尔特(Robert Fitzwalter)为领袖,冠之以“上帝与圣教会军元帅”(Marshal of the Army of God and Holy Church)之名,履行了庄严的弃绝(diffidatio)仪式,撤回了他们对约翰的臣服和效忠——这是一种封臣要想无损名誉地向其领主开战所必不可少的先行仪式。他们在沃林福德（Wallingford）汇合，以《达勒姆教令》（Canon of Durham）解除了其效忠誓言，在万众瞩目之下进发伦敦。这个大城市为起义者打开城门，其他市镇则闻风而动，群起效仿，这实际上确保了大宪章能够顺利获得。因此，在英格兰因其自由宪章而应该感谢的那些爱国者中，伦敦市长获得了与坎特伯雷大主教同样的崇高地位。约翰则是众叛亲离，空空如也的财政署（Exchequer）也无力有效召集雇佣军，国王只得同意在 6 月 11 日举行会谈，这一日期后来又推迟至同月的 15 日。

1215 年 6 月 15 日，会议正式召开。一边是约翰，为一小撮心口不一的权贵所支持；另一边是严阵以待的贵族，背后则是大批坚定刚毅、全副武装的骑士。会议持续了八天，从首周的星期一到次周的星期二。6 月 15 日星期一，约翰在呈递其面前的、记载贵族们要求的文件上盖印，逐一接受了其48个“条款”（articles），以及附加的“担保条款”（forma securitatis）或称执行条款，授予对方 25 名贵族以至高权威，可以武力限制国王以迫使其遵守其条款。

这仅仅是初始的举措，许多细节在最终意见形成之前进行过调试。在最终确定之前，还有很多小的细节尚待调整；6 月 19 日星期五，完整的宪章文本终于达成并得到了签署。它既包括调整之后《男爵法案》的内容,也包括数条关乎细节的附加项和修订款。签署的文本也非仅仅一式两份或者三份,而是很多份,特别是英国的每一个大教堂(Cathedral churches)都有自己的一份经过确认了的羊皮纸宪章。这些原始文件仍有四份尚存,两份展出于不列颠博物馆,一份在林肯郡(Lincoln),一份在索尔兹伯里(Salisbury)。更为著名的那件不列颠博物馆的收藏品起初存放在多弗城堡(Dover Castle),由于经历了火烧有所污损,现今已有部分无法认读。

与之前的会谈和协商相似,斯蒂芬·朗顿(Stephen Langton)以引导者的身份全程参与了此次会议。对于贵族,他为之指明方向、统一目标,建议其中庸行事;他竭力避免双方关系的彻底决裂,同时还要将贵族们的正当主张加于国王。他不仅忠实地守护国王的利益并使之最大化,而且可能也专注于贵族的要求,故此在一定程度上承担了草拟《大宪章》具体条款的责任。《大宪章》掷地有声地宣告了"英格兰教会的自由"(Quod Anglicana ecclesia libera sit),这有助于将王国教会的权利和民族的宪制自由融为一体,如此二者即可在行动中互相支持,因此也只是对其所欠英国最伟大主教之债务的一种补偿。[①]

在那个值得纪念的六月的星期五上午,约翰在这份完

① 意即,如果教会能和贵族在此次斗争中联合,则是对朗顿本人努力的一种回报。——译者

整记录其屈服的文件上盖了印。这份文件以“自由宪章”（Carta Libertatum）、“男爵宪章”（Carta Baronum）或者“兰尼米德宪章”（Carta de Runnymede）为当时的人们所知，后世则特别地简称之为“大宪章”（The Great Charter）。尽管如此，如果情势不再那么急迫，约翰就无意受其承诺之约束。果然，封印上的蜡汁未凝，约翰就申请罗马教廷否决他的许可，还声明了自己着手东征的意愿。作为答复，英诺森三世签发了一份教皇诏书（Bull），以诅咒之罚坚决制止约翰遵守宪章，并禁止贵族及其“同谋”执行宪章。在拉特兰宗教公会上，英诺森将所有曾经“迫害”效忠者约翰的英国贵族革除教籍，因为他们试图从“作为罗马教廷封臣和十字军战士的英格兰国王约翰手中，夺走他的王国亦即教廷的封地”。

与此同时，英格兰国王与其封臣之间的争点，已经从谈判、法律文件和外交的层面演变为了内战。情急之下，起义者请求法兰西王子路易（Louis）的帮助，并将英格兰的王位许为丰厚的酬报。

幸运女神还在两造之间举棋不定，约翰已于 1216 年 10 月 19 日死于纽瓦克（Newark）。随后，不少英国贵族抛弃了法国王子，这为和平、持久地治愈内战之伤铺平了道路。作为幼主亨利国王（约翰的幼子和继承人）的摄政官，威廉·马歇尔（Willam the Marshal）以年轻的亨利之名接受并确认了《大宪章》。经过一定的删减和修改之后,《大宪章》成了新王未来执政的纲领性文件。1216年和1217年两次颁布了对《大宪章》的确认,前者是亨利登基之时,后者则是与路易谈判的条件:路易放弃对英格兰王位的觊觎并离开英国。亨利的第三个《大宪章》出现在1225年,这一次是他亲自盖印,《大宪章》得以最终定型,逐字逐句地呈现出作为现今英格兰制定法卷宗上最早之制定法的样式。

此后,大宪章近乎神圣的条款维持了稳定和不变。与之并存的是《森林宪章》(Forest Charter),后者作为单独的文件首次颁布于1225年,并成为《大宪章》天然的补充。这两个文件在后来被共同确认,再没有一处的修订变化了。

1237年和1253年对宪章的重新确认都伴有庄严的仪式,这在爱德华一世治下也多次上演。1297年《宪章确认法》(Confirmatio Cartarum)的宪制意义和结果人尽皆知;据柯克的统计,相对晚近的确认有爱德华三世时期的十五次,其孙理查治下的八次,亨利四世时期的六次,以及亨利五世时期的一次。此后则再无进一步确认的必要,因为到那时为止《大宪章》已经圆融无碍地融入了王国的法律和民众的生活中了。

这就是英国自由宪章产生时的几个阶段。即便只是对这些事实作最为仓促的一瞥,急于求解的问题业已产生。从何时起,《大宪章》之“大”成为没有任何限制且无与伦比的恰当描述？为什么它的颁布标志着英国历史，甚或是世界文明史上的一个时代？它又缘何享誉世界？

首先，卓著的声誉显然不能排他性地归之于任何一项单独的特质；因为在不同时代人们的眼中，其主要价值一直都是不同的。回首那匆匆逝去的、横亘在约翰屈服于兰尼米德贵族之金戈铁马的时代与今日之间的数个世纪，是否可能追溯《大宪章》缓步树立声望的过程？这不是一项简单的任务；但似乎可以分出当今、未来及过往三个阶段，并在这三个不同的阶段分别评定其不同的价值。

第一阶段

对 1215 年的人们而言，宪章的意义不在于它为当今宪制理论家们形成了何种主要价值。在兰尼米德的贵族们看来，《大宪章》的益处在于其确定性和实用性——一个解决眼前问题的现成办法。对于他们，《大宪章》绝不意味着后世英国法律家和历史学家们所认为的那样：在后者眼中，《大宪章》是难以触及之理想，是宪制精髓的象征，也是英国自由的堡垒。

对当时的贵族而言，每个条款都是有价值的，因为它能对当下的谬误予以补救，贵族们几乎不会考虑其对未来宪制自由发展的影响。封建负担的持续增长让国王的封臣感到痛苦，其免服兵役税在频率和数量上都有增加。为了继承采邑，封臣被迫上缴继承金，数量又仅以约翰的贪欲为限。假如继承者父亲的土地落入了国王之手并受到监护,继承者成年时便会发现地力已经耗尽且被荒置。封臣去世后,其遗孀和子嗣就会遭遇许多侵扰和不公的攫取。在《大宪章》中,封臣们为这些痛苦和积弊寻得了便捷的救济。国王的封臣们还发现,通过某些王室令状的狡猾延展使用,本来可以带来收益的领主法庭司法管辖权受到了侵害,他们作为本地贵族的权威也遭贬损。国王的封臣又发现,凡王室司法能带来好处的地方,它都得到了很好的实施;而那些被约翰许以王国最富有女继承人的外国暴发户,还被国王慷慨地授予各种收益丰厚的官职,他们则趁机滥用其职权。因此,封臣们将《大宪章》视作立即结束这些权力滥用与行为失范的终结。

总体上看,时人对《大宪章》价值的评论并未流传下来。威廉·马歇尔的传记作者并未论及《大宪章》和内战,他给自己找的理由是,“存在太多细节和意外,对之进行的记述实难全面”。当时的主要信息来源是一位行吟诗人的编年体纪事,这位诗人是约翰王近臣贝蒂纳的罗伯特(Robert of Béthune)的熟识者,与后者一道巡游访问了英格兰。不过就其记述而言,与其说他对《大宪章》进行了总体的评估,还不如说是仅就某些具体条款作了片段式的描述。

这位吟游诗人认为值得一提的宪章条文,是废止三处权力滥用的救济款项:对女性继承人的“贬损”,因猎鹿所致的死刑或肉刑，对封建法庭的侵害；还有指定贵族执行委员会的条款。赋予这四项主题非比寻常的意义，印证了已经阐述过的那个观点，即对1215年的人们而言，《大宪章》是一个非常务实的文件，是应急解决当时问题的良方，无关任何浪漫的魔力。

第二阶段

到斯图亚特时代，如果不是更早的话，已经发生了显著的变化。经过一段时间的冷遇，当大宪章在抵御詹姆士或查理·斯图亚特国王特权扩张方面被证明有用，它又重新唤起了普遍的尊重。有趣的是，柯克激赏的语词与大宪章时代的冷淡评论形成了鲜明对比。言及宪章中的一个著名条款，爱德华·柯克爵士（Sir Edward Coke）赞赏有加："就像为了金属的完美，炼金术士（gold-finer）容不得任何的屑、丝、片甚至细微的瑕疵一样，博学的读者同样不应放过这部法律的任何一个音节，以尊重其完美。"

到那个时代，宪章业已成为议会领袖反对斯图亚特"君权神授"（Divine Right of Kings）理论下专断政府的有力改革手段。它当然是连接英格兰自由宪制之过去和未来的最强韧纽带。矫正旧时权力滥用时所用表述的古老性，已使17世纪的人们忘却了其含义，因此它可以很好地服务于上述目标。1215年的诸多封建压迫已经自然消逝，而且在与斯图亚特开始对抗之前它们已被遗忘了数世纪之久,许多表述已经无法理解,这使得柯克、汉普登(Hampden)、艾略特(Eliot)、皮姆(Pym)和哈克维尔(Hakewell)可以根据宪制发展的进程,赋予《大宪章》多个条款以有利于他们自己的含义。因此,对17世纪的阐释者而言,《大宪章》的伟大价值在于它对未来的影响。通过在《大宪章》某些模糊的段落处为所欲之改革寻找先例,一次迫切的改革就很容易被视为是向过去某个历史悠久之做法的回归。时人对爱德华·柯克爵士对古文物和古代制定法博学的崇敬,加之他对普通法细节无与伦比的把握,他对宪章条款模糊之处的阐释就会毫不怀疑地被接纳。弥漫在清教徒革命(Puritan Rebellion)议会领袖们想象中的《大宪章》,很大程度上是柯克法律智慧的结晶。当然,一篇颇有见地且仍算晚近、赫然以“大宪章神话”(The Myth of Magna Carta)为题的文献就曾争辩道,并没有这样的《大宪章》真正存在过,它能与长期议会领袖们形成的关于《大宪章》的观念相对应;柯克是《大宪章》或其神话的缔造者,而这个神话自己有着独立的政治意义或者价值。

无论如何,秉持“两个大宪章”(或者是一个宪章的两个面向)的说法似乎更为稳妥;其中的每个都在属于自己的时间和空间中具有意义,各自都为理性政府理论的演进做出了难以估量的贡献——无论是原初的封建宪章,还是17世纪解释的宪章。因此,《大宪章》的伟大意

义（至少是其中的一部分）看来并不完全在于对1215年其形塑者们来说它是什么，而在于后来对政治领袖、法官、律师以及全英格兰民众来说它变成了什么。

第三阶段

在我们的时代，一代人正倾向于视其为理所当然的遗产，而生活在世界上最优越宪法之下的特权自然已逐渐为他们所轻视，这种情况下，希冀改革的他们，也不会再将《大宪章》作为必不可少的先例库而去诉诸。现今，它的主要价值不似1215年那般承载着当下，也非如1628年或者1688年一样面向着未来，而是成了一个再造过去的有益途径。《大宪章》向我们清晰地展现了13世纪早期的英格兰生活，这为我们打开了一扇通往过去的窗。为准确理解跨度宽泛的全部63个宪章条款，需要熟悉中世纪英格兰封建的、社会的、经济的、法律的抑或是政治的各个面向。就其触及中世纪生活与习惯的诸多要点而言，对它的阐释提供了之于某些原则的丰富说明，而这些原则又必定会激活每位渴望听众持久关注的历史教师。最根本的原则就是，决不能忘记已逝过往与鲜活当下之间的紧密联系。今天看来何其空洞和陈旧的文献，无不来自曾经鲜活的、伴随希望与恐惧的人类情境。律师办公室的信件格里填塞着以红绳捆绑整齐的枯燥文件，它们都是人类雄心、激情和悲剧的化石，天长日久，这些情

感都早已冷却。但在想象的目光里,每一件都闪耀着思想和情感的光芒,而这些光芒都曾存在过。合伙人契据(deed of partnership)中那些笨拙的条款,难以遮蔽年轻商人开启人生的热切希望;破产程序(proceedings in bankruptcy)标志着漫长痛苦的结束;遗嘱则显示了贯穿整个人类生活所有不确定的悲悯情愫。相似的结果追随着想象力在历史文献中的适用,这在《大宪章》的解释中尤其真实。如果舍弃历史的背景来阅读这一封建宪章,也不付出任何想象的同情,而只是枯燥地逐条阅读它,会令你乏味至极。但是,如果在它所呈现的中世纪生活之中进行阅读;如果在人类的情感、雄心和宪章所赖以成形的贵族利益及其长久跃动的期望之中阅读;如果在其重要历史背景中阅读,且慢,你已经改变了全部!指令令状(writ *praecipe*)、新近侵占之诉或者国王的监护特权在今人眼中各是什么?忽略曾经鲜活的文本,那它们就什么也不是。而如果以同情心和历史的洞察力置其于中世纪生活的真实背景,则它们又鲜活丰盈。

因此,对历史教师和研究者而言,问题在于怎样利用遍地凌乱的干骨来最好地重建一度有血有肉的昔日生活。希伯来先知以西节(Ezekiel,第 37 章,诗篇 1 到 10)曾描述过这样一个神迹的产生:[①]

① 此处直接采用了《圣经》和合本的译法,麦克奇尼在引用时省略了其中的一些句子,此处用省略号予以标示。——译者

> 耶和华的灵(原文作手)……将我放在平原中;这平原遍满骸骨。
>
> ……
>
> 他对我说,你向这些骸骨发预言说:枯干的骸骨啊,要听耶和华的话。
>
> ……
>
> 于是,我遵命说预言。正说预言的时候,不料,有响声,有地震;骨与骨互相联络。
>
> 我观看,见骸骨上有筋,也长了肉,又有皮遮蔽其上,只是还没有气息。
>
> ……
>
> 于是我遵命说预言,气息就进入骸骨,骸骨便活了,并且站起来,成为极大的军队。

如此,唯有同情的精神和历史想象的气息,方可令干涸的历史之骨重获新生。

因此,今日因《大宪章》而产生之兴趣,其性质和动机迥异于17世纪,二者又一并不同于13世纪;于是,将《大宪章》的声誉归于任何单一的特质,都是徒劳的。

更为清楚的是,宪章的价值并不在任何逻辑安排的原则,因为其章节的编排完全无序,似乎只是将刚好进入塑造者们头脑中的内容匆匆记下,行笔之快是为了防止这些内容很快被忘却。现在的时间不允许我对《大宪章》的63个章节进行详细梳理，甚至是将之归类，而一个单纯的目录也不会有太大用处。

毫无疑问，《大宪章》的主要价值不能归于个别条款而将其他部分排除在外。在构建大宪章的价值方面，任何条款都不能独霸其功，下述条款无不如此。比如第12章和14章，它们以王国的“大谘议会”来限制国王对协助金和免服兵役税的征收；第39章，通过赋予“同侪审判”来保护生命和财产的安全，使之免受约翰的肆意践踏；著名的第40章——此处引用原文——宣称，“我们不会向任何人出售权利或正义，也不向任何人拒绝或者拖延实施权利和正义”；意义非凡的第61章同样如此，它为其他条款的落实提供了一种机制，建立起经约翰授权、由25名反对派贵族组成的委员会，可以在特定条件下采取强行措施控制城堡、土地和所有物，以强迫约翰遵守大宪章。

可见，探寻宪章之伟大的根本原因，必须着眼于其他，而非仅关注即便最为著名的某个单一的条款。当然，大宪章的宪制影响得力于繁多且各异的因素。以绝对互斥的原则归类这些因素将难免乏味造作之苦，但它们仍可大致分为以下的七个类别：大宪章的内在价值；它的历史背景；它与过去的连续；它与将来的关联；其确认的次数及郑重性；它的柔韧性；在获取公众想象力方面的成功。大宪章是著名的——

第一，因为其内在的价值，其温和中庸，其所涉范围之广，其对具体细节而非模糊一般性的特别关注，它对既定习俗（国王亦应受其约束）之主张。这或许是其全体中最为基本的原则，它坚持认为，在统治者意志之上还存在某种更高、更神圣的东西。

第二，因其生动的历史背景而著名。神定之王竟然被迫服从反叛者的处置，整个基督教世界都为之瞠目结舌。约翰被迫（*compelled*）接受先前他曾极力反对内容的事实，意味着皇家颜面尽失，也是对未来反抗压迫的一种鼓舞。令约翰蒙羞的戏剧性场景，不可避免地印在了未来人的脑海中。

第三，因其对过去的延续而著名。它在一定程度上模仿了亨利一世的宪章，后者在某些方面又是旧有加冕宣誓的体现，循此之道，征服者威廉和他的儿子曾宣誓恪守忏悔者爱德华的法律；而这一宣誓又可回溯至早期威塞克斯国王们那里去。确认大宪章的需求，取代了要求回归贤王爱德华律法的古老口号，“爱德华律法”（Leges Edwardi）黄金时代的光晕，转而在约翰的自由宪章身上找到了新的载体。

第四，因其对未来的延伸而著名。因为它直接处于英国自由及法治的发展脉络中，因为在建立一个对整个文明世界有重要价值的政府体制的过程中，它迈出了最为关键的第一步。“缓慢与稳健”（slow and sure）一直是英国自由缔造者们的信条;大宪章的影响力与其赖以产生的背景一起,已被编织进我们宪制的延续性之中。一方面,赢得宪章标志着英格兰政治力量开始重新组合。与征服者威廉、博克莱尔的亨利以及安茹的亨利这三位我们宪制的主要缔造者所处的时期不同,国王和民众以法律与秩序的名义联合起来抵制贵族索取封建许可的情形,已经不存在了。这一切变化都发生在1215年;彼时,商人和自耕农、小的次级封臣以及教士与贵族(当时法律和秩序的新的维护者)结成了新的联盟,反抗业已沦为主要违法者的国王。与新盟友结盟相伴的是贵族政策的转变,后者意识到在自己领地内获得完全的封建独立现在已不可能,于是便试图控制并引导(他们并不公然否认的)国王之权利。大宪章是这一新政策的初步成果,故此直接处于宪制发展的脉络中。

第五,大宪章的知名还因为其多次的重新颁布和确认,以及某些次重新颁布和确认时所伴随的庄严仪式。的确,在某些令人印象最为深刻的细节上,我们必须借助于几个世纪之后的一个权威。霍林希德(Holinshed)在渲染马修·帕里斯(Matthew Paris)的叙述时,讲述了一个革除教籍的判决是怎样通过的。那是亨利三世确认宪章之后的1253年,在伦敦举行的一次议会上,坎特伯雷大主教和13名主教:

> 身披主教祭服，依礼手执蜡烛……对所有侵犯教会自由及违背英格兰王国古老自由和习惯（即那些包含在大宪章和森林宪章中的内容）的人宣布革除教籍……宣读判决时，国王将手置于胸脯之上并喜形于色。当他们最终扔掉冒着烟的、熄灭了的蜡烛，说着“让他们毁灭并且沉入地狱的深渊，以成此一判决之惩戒”，国王此时说道，“求上帝助我，因为我当遵守并保全所有这一切，甚或因为我是一名基督徒，一名骑士，一位被加冕、涂膏的国王”。[1]

第六，《大宪章》的弹性（*flexibility*），使其成了后世英国人自由之捍卫者们手中的有力武器。许多条款的原初含义已在后来的几百年中被淡忘了，在封建主义消亡之后，新的阐释（正如我们所见）也取代了旧的解释。将1215年实际救济的压迫替换为后来几个世纪所感受到的最为痛苦的权力滥用，通常是一个极其真诚的过程；于是，即便是对《大宪章》的错误解读，也为政府治理原则的进步做出了贡献。经常将《大宪章》半存半废的条款用于满足后世不断变化之社会情势的进程，在他那著名的孙子[2]那里已经开始了——如果不是从他儿子那里开始的话；而爱德华三世时普遍流行的、对其某些著名条款的

① Holinshed, “Chronicle,” i. pp. 128-9; M. Paris, v. p. 360.

② 即爱德华一世。——译者

解读，也一定会令约翰和他的反对者感到震惊。然而，现代化的进程只是在斯图亚特王朝时期才达到了顶点。

如果柯克与汉普登失准的称颂已经扭曲了许多条款的本意，也散布了很多有关英国法发展的错误观念，那么这些错误对宪制进程的贡献则是无法估量的。初时围绕约翰武断恣意而对封建法律和习惯效力的确认，及时转变为了对17世纪王国法律的确认，而后者是针对斯图亚特王朝国王们的下述做法的：他们为了追求其个人私利而肆意扩张其特权。如此，《大宪章》在旧君主制和现代立宪君主制之间架起了一座桥，前者受制于中世纪的封建主义，后者受制于议会所执行的国家法律。

因此，在《大宪章》因其真实和原初的含义所获得的名誉之上，还必须加上那个想象的《大宪章》所赢得的荣誉，而后者是柯克及其议会同盟者从前者演绎出来的。我们已经看到，《大宪章》在17世纪如何以回归过去为名来掩护新的变革；以及，在一个反对宪制革新的时代，《大宪章》如何能使君权神授的反对者们为其政策赢得那些刻板复古者的赞许。《大宪章》的韧性(*elasticity*)也使之适应了后世不断变化的社会需求；每个受益于此种有力援助的世纪，都转而累积起感念的崇敬，也将起草者从未虑及的新原则代入其中。

第七条也是最后一条——它享誉持久，是因为在这样或者那样的原因下，在几个世纪里，它抓住并维持了大众的想象力(*popular imagination*)。其情感与道德的价值甚至高于严格的法律或宪制的意义。从根本上讲，所有的政府都建立在公共意愿的基础之上——或者是爱、崇敬，或者是恐惧。在政治与道德的世界里，心理的考量总是万能的。因此，承认其部分的意义和价值是由后世读入和赋予的，且其今日之力量存在于数个世纪以来环绕其周围的浪漫主义光环，并不是对《大宪章》的否定。情感对大多数的人类实践活动而言至关重要。正是情感，才能将盎格鲁-撒克逊及凯尔特的英武之花从七海之滨——从非洲、澳大拉西亚、加拿大以及印度——召唤至欧洲和亚洲为其祖国而战；这是对帝国和家乡的一份双重热爱；他们理所当然地认为自己分享了祖国自由制度和传统的丰厚遗产，《大宪章》即构成了这份遗产的重要部分。

《大宪章》之“大”(*great*)，在于在其制定者已经死去并为人们遗忘之后的很长时间里，它却成了捍卫宪制自由的护盾和卫甲。时间愈久，人民的崇敬之情赋予它的力量愈大，它逐渐成了专制政府的反对派可以据守的稳固阵地。除了起初历次颁布所带来的不菲益处，其道德影响力也逐步为民族精神的提升做出了贡献，更借此巩固了国家自由的根基。《大宪章》的价值在700年之内持续地增加，此间各种传统、组织以及精神都前所未有地凝聚在它的周围。

但在这一长串价值的最前端，是《大宪章》最重要、最基本也是人们一直坚持维护的价值,亦即从实质上看,受膏的国王承认自己并非绝对的统治者;法律之中另有王的主人,对于这样的法律,国王曾经常违反,现又再次宣誓遵守;他的特权被高于国王意志的神圣原则所定义和规制;如果他拒绝遵守法律,王国全体有权强制他遵行。《大宪章》确认了国王对其言行负责的原则,也为国王将责任转至其大臣肩上铺平了道路,后者凭借代议制议会的意志来保有公职。

总之,在这样一个压力与焦灼之大史无前例的时代,讨论《大宪章》及其历史背景对1915年的人们有何有益启示(如果存在的话)的问题,似乎并非没有收获。在此,有两点可以提出,其一关涉我们的对外关系,其二则与我们国内的困境和变革相连。

问题一方面跨越了国界,另一方面则关乎宪制;在化解尖锐异见的场合,二者都开启了以和平方法替代残酷暴力的可能。有且唯有两种方法可以协调相互冲突的原则与利益。其一是理性人的方法,其二是野蛮的虎狼之法。前者的展开有赖理智律法的设计、实施及宪制框架的构建,后者则依凭战争之独断。

先来看国际问题。自和平之主(Prince of Peace)降世伯利恒(Bethlehem),[①]19个世纪已然逝去。在这基

① 麦克奇尼此处所指为耶稣基督。——译者

督教历的第20个世纪，战争及其残虐当彻底废弃并永世不用。但是，如今天这般范围之大、持续之久的非人道战争①，可谓前所未有。那么，能给和平的祈望者们留下何种希望呢？他们是否必须背过脸去，宣布放弃对战争结束的翘首以盼和全部希冀？无论何其渺茫，围绕大宪章周边的事件似乎可以给他们一缕希望之光。因为，在1215年，《大宪章》的颁布只是痛苦内战的开端，而不是结束；那时，以和平宪制手段永久克服国内冲突的可能性，正如今日用制度设计避免敌对族群之间武力冲突的努力一样，都是遥不可及。然而，尽管1215年有着最为黑暗的面向，在解决国内冲突中以理性取代残酷战争的进程已经真正启动。

英格兰的宪制已于1215年开始发展。同理，在1915年，当和平之友们身陷最黑暗之时，是否可以祝愿我们距离黎明的降临已不再遥远？国际法可能会取得于今看来不可思议的成就，正如宪法已取得了1215年时看起来同样不可思议的成就一样。

需要诉诸《大宪章》历史的第二个或者第二组的问题，涉及大不列颠和大英帝国内部的政策。眼下这一代的英国人，犹如某位不顾父辈勤勉而肆意挥霍的继承人，轻易地低估了这份传至其手的不列颠宪制的无价遗产，低估

① 指作者演讲时正在进行中的第一次世界大战。——译者

了这份不劳而获却凝聚着历代先贤思想和努力的成果。为何这些被所有其他文明国家艳羡不已的宪法权利,这些受到像皮特(Pitt)、福克斯(Fox)和埃德蒙·伯克(Edmund Burke),以及布莱克斯通(Blackstone)、哈兰(Hallam)、密尔(Mill)和麦考利(Macaulay),为威灵顿(Wellington)和格雷伯爵(Earl Grey),以及皮尔(Peel)、帕默斯顿(Palmerston)和约翰·罗素勋爵(Lord John Russell),为格拉德斯通(Gladstone)、迪斯雷利(Disraeli),还有约翰·布莱特(John Bright)所珍视的权利,已经逐渐被视为理所当然并被漫不经心地当作廉价之物,甚或可以仅为了一时之滥需而轻易地拿它来交换呢?

究竟为何,即便是在德国人启动反人类文明的战争恶行之前的那些年,质疑无数代不列颠人建立之宪制传统的迹象已然随处可见?为何会出现从通过协商(以讨论何为正当)解决纷争向采取自力救济、有组织的武力解决纷争这样的倒退?原因可能是多种多样的,但事实却不容怀疑。一种无法无天、永不满足和贪婪的邪气,已经(甚至在1914年的宿命八月[fateful August]之前[①])迅速培育起了众多的宪制拦路虎,而它们只是为了逞一己之快。

人们已逐渐忘记,不管是法律还是道德,纵使繁文缛

① 1914年8月2日,德军入侵比利时和法国,第一次世界大战全面爆发。——译者

节，也自有其精彩。这种对于来自法律和传统之拘束（大不列颠决不能说自己已完全免于此种束缚）的普遍不耐烦，可能只是对宪制束缚不满之大潮的一部分。这股大潮在德国人拒绝履行其承诺之义务和悍然违反其法律、践踏其荣耀的罪恶行径中达到了顶点。

然而，当潮汐最终退去，那一刻就会降临。彼时，公众会再次认识到以缓慢稳健的宪制方法解决争端的价值；当不列颠宪制经过调整和修补以肩负眼前新的使命时，它又会回归大众的怀抱；《大宪章》和其他“废纸”抑或羊皮纸，也将再度找回自己。

那时，世界关注的中心将会从刺刀和炮弹再度回归文案。那时，所有的目光都将重聚于宪制问题，其中至少有三项可能成为公众关注的焦点：为不列颠诸岛形成一个新的、可能是联邦的宪制框架；构建一个新的、帝国的宪制框架，使海外属地与其母国更紧密地联系在一起；至少为欧洲及世界政府的构建铺砖添瓦，使之能以正义理性的决议取代专断无情之战争。

对于那个新世界，我们正满怀希望地越过黑暗透视其黎明，与此相关《大宪章》有着重大的教训，并以坚定不移的声音在呼喊。在早些世纪所获得的持续变革中，《大宪章》所起的作用是对“缓慢而稳健”（slow but sure）之说法的布道。它还向我们讲授了宪制发展中延续性的价值。它还表明，为了永久抵御敌人的侵犯，阵地必须缓慢而痛苦地获得，再一码一码地缓缓延伸，以对抗敌人必然的、公开或是潜藏地下的反击。

《大宪章》和它的历史背景告诉所有急求速解的理想主义者，割裂过去是危险的。无论是联合王国还是大英帝国，当新政府的缔造者回首兰尼米德会议至今七百年来的无常变化，目睹英国宪制长期、缓慢、稳健发展之时，他们一定会看到延续性为国家制度所注入的力量。当这愉快的一天终于降至，不列颠人聚集欢庆，屈膝跪地以庆贺灾难重重的欧洲再迎和平之时，他们应当对自己及其子孙生长的这片自由土地报以感激：

政府受限之地，
公正与古老并存。
自由缓缓蔓延，
源于桩桩件件。[1]

① 选自丁尼生的诗《你问我，为什么？》(Tennyson, “You Ask Me, Why”)，此处由译者试译。——译者

附录二 《大宪章》与中国法学传统[①]

2015 年是值得纪念的特殊年份。1215 年《大宪章》颁布 800 周年，1905 年中国清政府五大臣考察西方宪制的 110 周年；中国人民抗战胜利暨世界反法西斯战争胜利 70 周年；联合国成立 70 周年。如何在 800 年、110 年、70 年的重大历史事实与脉络中寻求人类共同体的基本共识，共同维护正义、和平、法治与人权价值是我们共同思考的问题。在纪念《大宪章》800 年之际，各国学术界关注 800 年来人类法治的发展，探寻《大宪章》的当代价值，展望法治的未来。在这特殊的年份，从历史长河中寻找《大宪章》的方位，有助于我们客观地理解法治的真谛与价值。

① 本文是于 2015 年 9 月 9 日在中国人民大学法学院召开的“法治的过去、现状与未来——纪念大宪章 800 周年国际研讨会”上的致辞基础上修改而成。会议由牛津大学法学院、英中文化中心（GBCC）、韩国高等教育财团（KFAS）共同主办。

《大宪章》的价值与影响

800年前制定的《大宪章》是人类法治的起源，它所奠定的法治文明已成为人类共同分享的价值。尽管法治的内涵与功能不断变迁，法治发展道路存在多样性，但源于《大宪章》的法治核心理念并没有发生变化。王在法下，税收法定，通过法治与分权捍卫自由，限制权力滥用都是《大宪章》留给人类的宝贵精神遗产。《大宪章》缔造了现代社会制度的三个基本原则：一是以自由保障自由的原则；二是以分权保障自由的原则；三是以法治保障自由的原则。[①] 自由与法治乃是这个时代人类生活的基本方式，也是保护人类生命、尊严与安全，共同塑造和平的根本保障。基于人类生存的基本逻辑，《大宪章》所体现的自由与法治的传统影响了整个人类社会法治发展进程。因此，对800年前的历史文献我们也许有不同的评价与视角，《大宪章》本身价值也是在学术争论中传播的。我们可以怀疑，也可以批判，但历史是不能重复的，对其历史文献价值的肯定也许可以成为我们时代的基本共识。

① 齐延平：《自由大宪章研究》，中国政法大学出版社2007年版，各章导读第1页。

《大宪章》与中国学术传统

1215年《大宪章》颁布时，中国社会处于南宋时期，社会经济比较发达。1846年梁廷枏的《海国四说》中最早提及《大宪章》。可以说，中国人对《大宪章》历史价值的探索开始于一百多年以前，通过报刊、学术著作与大学的课程等不同的形式传播着《大宪章》的思想与价值。

《大宪章》与报刊

《大宪章》首先出现于晚清报纸期刊，发表文章比较集中体现在1903—1908年间，共计14篇。其中，三篇文章提到约翰王签署《大宪章》这件事，但文中未直接使用大宪章一词。第一篇是1899年《各国宪法异同论》，原文为“宪政之始祖者，英国是也。英人于七百年前已由专制之政体渐变为立宪之政体”[①]；第二篇是1902年《英国宪法》，原文为“一千二百十五年英国贵族迫王立法”[②]；第三篇是1903年《英国约翰王时代之民史译略》，原文为“所谓大宪法者，于是乎即成英人自由之所从出也”，“故此大章程一日遂定，毫无留难，盖约翰之意以为

① 梁启超：《各国宪法异同论》，载于《清议报》1899年第12—13期。又见于《梁启超论宪法》，商务印书馆2013年版，第26页。

② 《英国宪法》，载于《新民丛报》1902年第11期。

姑许而后背之"[①]。这14篇文章中，有一篇即1906年《英国宪法》摘译了《大宪章》63个条文中的23个，有三篇全文翻译了《大宪章》，分别是1903年《英吉利宪法史》、1906年《英国宪法正文》和1907年《欧美各国宪法志》。

《大宪章》与学术著作

《大宪章》集中出现在学术著作的时间大体上是1902—1911年间，合计14种，分别是：1902年《英国宪法论》；1902年《国家学原理》；1902年《万国宪法志》；1903年《英国政治沿革史》；1903年《英国宪法史》；1905年《英国国会史》；1905年《法政粹编第二种：国法学》；1906年《宪法》；1907年《政治学及比较宪法论》；1907年《各国宪法》；1907年《国法学》；1908年《比较宪法学》；1910年《大清宪法论》；1911年《英国宪政丛书》等。上述14种学术著作中，含有《大宪章》完整译文的有三本书，分别是1902年《万国宪法志》、1907年《政治学及比较宪法论》和1907年《各国宪法》。1907年《政治学及比较宪法论》的原作者为美国学者巴路捷斯，其日文译者为日本学者高田早苗（1860—1938），将之转译为中文的译者是四川内江的刘莹泽、贵

① 〔英〕马林译，李玉书述：《英国约翰王时代之民史译略》，载于《万国公报》1903年第175、176、177期。

州平越的朱学曾和直隶完县的董荣光。该书“卷末附录”部分包含英国《大宪章》的序言和63个条文。1907年《各国宪法》为齐雨和与古翔九二人合译，是一部宪法汇编，包括17个国家的宪法文本，第一个国家即为“英吉利”，《大宪章》为该著作的第一个宪法文本。

据记载，1915年6月，中国的知识界曾举行过纪念《大宪章》700周年活动，《甲寅》1915年1卷8期中登载了章士钊（1881—1973）写的“天宪”，作为纪念《大宪章》的论文，其中就谈到，《大宪章》不仅仅属于英国，应该属于世界。这一事实也表明，《大宪章》对当时学术界的影响是不可忽视的，为学术界了解“世界的法治传统”提供了信息与经验。

《大宪章》与大学教育

《大宪章》作为大学课程体系始于1895年。天津中西学堂1895年创办，虽其学堂章程未包含宪法课程，但教学中开设了“英国宪章”课程。主要依据是，王宠惠（1881—1958）1895年入天津中西学堂读书，1899年毕业，1900年初获得毕业文凭，是该校第一届毕业生。王宠惠的毕业文凭，编号为“钦字第一号”，显示学习15门课程[①]，“英国宪章”排在第12位。这15门课程中，专门

① 参见《北洋大学—天津大学校史》，天津大学出版社1990年版，第7页。

讲英国法的有三门，分别是“英国合同律”“英国犯罪律”和“英国宪章”。虽然“英国宪章”是宪法学课程，不是专门讲《大宪章》，但在课程中涉及《大宪章》的相关内容。

《大宪章》与人类法治的未来

人类法治已走过了800年的历程。800年后的今天，尽管法治理想与现实有冲突，但法治已经成为人类共同体的价值共识，也是最具凝聚力的社会共识。一方面，我们生活在21世纪的文明社会，不断追求着幸福与理想，感受着人的尊严这一伟大的共同价值。但是，另一方面，人类也陷入恐惧与不安之中，伴随着经济与科技的发展，在强大的物质文明面前，人的尊严与自由容易被边缘化，我们仍生活在法治理想与现实的冲突之中。面对着各种冲突，面对着“二战”的教训，我们也需要反思，即如何用强大的法治力量捍卫正义与和平秩序。

在中国举办《大宪章》的纪念会议，也基于人类面临的挑战与法治未来的共同思考。在清末新政（1901—1911），仿行宪政，以及颁布《钦定宪法大纲》的背景下，英国《大宪章》频繁出现于晚清中国的报纸期刊、学术著作、法政学堂和大臣奏折，逐渐成为中国宪法传统的重要组成部分。《大宪章》在晚清中国翻译和传播的过程呈现出两个特点，一是立宪派居功甚伟，二是日本学术界的影响比较大。一百多年前，学人们曾经纪念《大宪章》700周年，展示了中国的学术传统。当下纪念《大宪章》仍然具有重要意义。人类仍然面临着公权力滥用、社会缺乏共识的社会问题，解决之策乃是通过法治凝聚共识。不应以旁观者的身份评述别人的历史，而应将之作为中国学术传统的一部分，慎终追远，追寻《大宪章》自晚清以来在中国的印迹，梳理其学术遗产，以开放的心态客观地评价法治的未来发展。

我们需要传承法治的价值，理性判断法治发展面临的挑战，同时也有责任展望800年后的法治，再过100年，或者200年，我们的后人纪念《大宪章》900周年、1000周年的时候，人类的法治状况会有什么变化？

讨论《大宪章》的现代价值，有助于增进学术共识，分享法治的价值，推进法治的发展与进步，为构建“人类命运共同体”提供法治保障。

韩大元

2016年1月1日　修改

图书在版编目(CIP)数据

大宪章/陈国华译. —北京:商务印书馆,2024
(汉译世界学术名著丛书:120年纪念版:珍藏本:增订本)
ISBN 978-7-100-23762-8

Ⅰ.①大… Ⅱ.①陈… Ⅲ.①宪法—法典—英国
Ⅳ.①D956.11

中国国家版本馆CIP数据核字(2024)第077027号

汉译世界学术名著丛书
(120年纪念版·珍藏本·增订本)
大宪章
陈国华 译

商 务 印 书 馆 出 版
(北京王府井大街36号 邮政编码100710)
商 务 印 书 馆 发 行
北京市十月印刷有限公司印刷
ISBN 978-7-100-23762-8

2024年5月第1版 开本710×1000 1/16
2024年5月北京第1次印刷 印张6¼
定价:36.00元